フランスの地方で出会った、素朴なお菓子のレシピ

まだ知られていない
物語のあるお菓子

下園昌江

ベレー帽を模した、愛らしいチョコレートケーキ。
チョコレートとベレー帽にゆかりのある
バスク地方に伝わる「ベレ・バスク」。

一つだけオーブンから取り出すのを忘れてしまった……。
そんな逸話の残る真っ黒焦げのチーズケーキ。
ポワトゥー・シャラント地方の「トゥルトー・フロマジェ」。

フランスの地方には、
その地に伝わるエピソードや宗教行事、土地の産物にまつわる
さまざまな「物語のあるお菓子」が存在します。

はじめに

私は子どものころからお菓子作りが大好きでした。本を見てはいろんなお菓子にチャレンジして、でき上がったときの達成感やおいしさに胸を躍らせていました。当時は作ることに夢中で、それがどの国のお菓子で、どうして誕生したのかなどについては考えることもなく、ただ「洋菓子」という枠でとらえていました。その後製菓学校で学ぶようになって、国によってそれぞれお菓子に特徴があることが少しずつわかってきました。なかでも特に私を魅了したのは「フランス菓子」でした。

「フランス菓子」というとクリームやフルーツ、チョコレートなどで繊細に、そして華やかに彩られたものがイメージされますが、私が好きだと感じたのはそんなお菓子とは対極にある素朴で茶色い焼きっぱなしの「フランス菓子」でした。

卒業後、お菓子屋さんで修業しましたが、お菓子が好きすぎて仕事が休みの日にもお菓子三昧の日々を過ごしました。気になるパティスリーを巡って食べ歩いたり、業界誌やレシピ本を読んでいるうちに、フランスにはそれぞれの地方に昔から伝わるお菓子があるということを知ったのです。

それらのお菓子は日本ではあまり見かけないものが多く、いったいどんな味をしているのだろう、どうやって作っているんだろうと、興味が湧いてきて、そのお菓子が生まれた土地に行ってみたい！ という気持ちが徐々に高まってきました。こうしてフランスの地方を巡るお菓子の旅がスタートしたのです。

この本ではそんな旅の中で出会ったお菓子を中心にご紹介しています。できるだけシンプルかつ現地のお菓子の雰囲気を伝えられるように心がけ、アレンジは最小限にしています。

それぞれのお菓子に発祥の由来やエピソードを添えましたので、ぜひそれらを読んでからお菓子を食べてください。きっと素朴なお菓子たちが、よりいっそう味わい深いものになると思います。

下園昌江

・ バターはすべて食塩不使用のものを使っています。

・ 塩はすべてゲランドの塩（顆粒）を使っています。

・ オーブンは電気オーブンを使用しています。焼成温
　度と時間は機種によって多少異なるので、焼き色を
　見て調整してください。

本書で出てくるお菓子の地方地図

フランスの地方分けは日本とは少し異なります。フランス本土が96県に分けられます。お菓子は隣接する国の影響を受けたもの、その土地の名産品を使ったものなど、地方色を感じられるものが多く見られます。本書のお菓子には地方名を記載してありますが、ここではその地方の場所が一目でわかる地図をご紹介します。本書の地域区分は紹介するお菓子に準じたものです。現在の行政区分とは異なります。

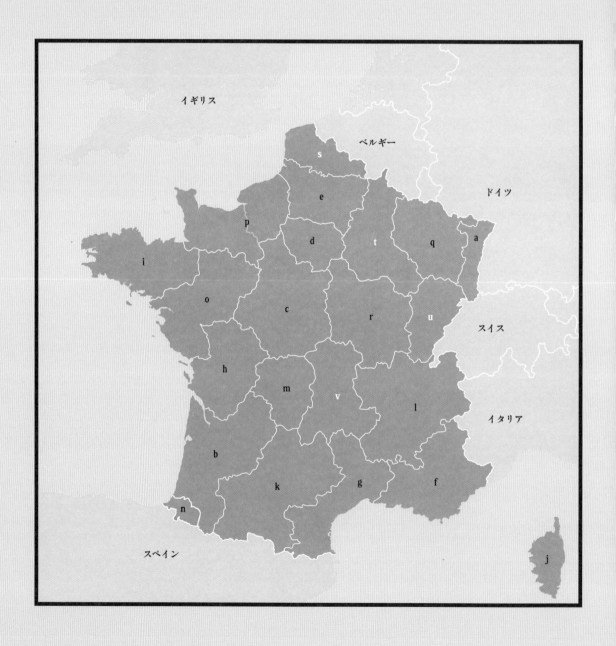

子羊の形を模した型で焼く
復活祭のお菓子

復活祭に食べる羊形のお菓子。ユダヤ教の祭日である「過越しの祭」にいけにえとして子羊を食べる習慣からきているといわれています。専用の陶器の型で卵、砂糖、小麦粉を使った軽いビスキュイ生地を焼くのが伝統的。ここではアーモンドやバターを入れ、コクのある味に仕上げました。

アニョー・パスカル
Agneau pascal

ここで使った型
約19×12×高さ15cmの
アニョー・パスカル型

材料

アニョー・パスカル型1台分

とき卵 — 110g
グラニュー糖 — 72g
レモンの皮のすりおろし — 1/4個分
バニラオイル — 2滴
薄力粉 — 70g
アーモンドパウダー — 15g
バター — 65g
デコレーション用粉糖 — 適量

準備

・薄力粉はふるう。

・アーモンドパウダーは粗めのざるでふるう。

・バターは小さなボウルに入れ、湯せんにかけて約60℃に温めておく（とかしバター）。

・型にバター（分量外）をぬって **a** 冷蔵庫で冷やし、強力粉（分量外）を茶こしでふって余分な粉を落とし **b**、金具をはめる。

・オーブンは170℃に予熱する。型の高さがあるので天板は使用しない。

作り方

1 ボウルにとき卵とグラニュー糖を入れ、ゴムべらで混ぜながら湯せんにかけて約40℃に温める。ハンドミキサーの高速で羽根のすじが残るまで約4分間泡立てる。

2 レモンの皮とバニラオイルを加え、ハンドミキサーの低速で15秒混ぜる。

3 薄力粉を2回に分けて加え、その都度粉気がなくなるまでゴムべらで混ぜる。アーモンドパウダーを加えて同様にして混ぜる。

4 とかしバターのボウルに3を1/5量入れてよく混ぜ合わせ、3のボウルに戻し入れる。ゴムべらで底からすくい上げるようにして、均一になるまでやさしく混ぜ合わせ、型に流し入れる。

5 170℃のオーブンで50〜60分焼く。途中で焼き色を見て温度が高いようなら160℃に下げて焼く。表面を指で押してみて、弾力があればOK。

6 型のまま網にのせ、5分ほどおいて型から取り出す。冷めたら茶こしでデコレーション用粉糖をかける。

〜 食べごろと保存 〜
当日〜翌日が食べごろ。ラップに包んで室温で2日間保存可能。

アルザス地方
Alsace

カヌレ・ド・ボルドー

Cannelé de Bordeaux

材料

直径5.5cmのカヌレ型5個分

牛乳 ― 250g

バニラビーンズ ― 1/3本

グラニュー糖 ― 125g

強力粉 ― 25g

薄力粉 ― 35g

卵黄 ― 20g

とき卵 ― 25g

ラム酒 ― 20g

バター ― 15g

準備

・ バニラビーンズはナイフで縦に切り込みを入れ、種をしごきだす。

・ 強力粉と薄力粉は合わせてふるう。

・ バターは小さなボウルに入れ、湯せんにかけて約60℃に温めておく（とかしバター）。

・ 型にバター（分量外）をぬる。

・ オーブンは天板を入れて230℃に予熱する。

アキテーヌ地方
Aquitaine

作り方

1 鍋に牛乳を入れ、バニラビーンズの種とさやを加えて火にかけ、鍋肌がふつふつ沸いてきたら火を止める。

2 ボウルにグラニュー糖と粉類を入れ、泡立て器でよく混ぜ合わせる。1が約40℃に冷めたら1/3量を加え、泡立て器でゆっくり円を描くようにして混ぜ合わせる。均一になったら残りの1を加えながら同様にして混ぜ合わせる。

3 別のボウルに卵黄ととき卵を入れて泡立て器で混ぜ、2に加えて混ぜ合わせる。

4 3にラム酒、とかしバターを順に加えて混ぜ合わせ、ラップをかけて冷蔵庫で一晩ねかせる。

5 冷蔵庫から取り出して約20℃になるまで室温に戻し、裏ごししてバニラビーンズのさやを取り出す。ゴムべらで軽く混ぜ合わせて型に流し入れる。

6 230℃のオーブンで20分、220℃にして35～40分焼く。途中、生地が浮いてきたらオーブンから一度取り出して型を斜めにし、側面をトントンとたたいて生地を下に落とし、再び焼く。型から出し、網にのせて冷ます。

＊ 熱いので必ず軍手をして作業する。

＊ オーブンのメーカーや型によって適正な温度が異なる。最初の7～10分で液体が型の中でくつくつと沸騰してくるようならOK。沸騰しない場合は次回焼く際に設定温度を上げてください。

～ 食べごろと保存 ～

当日中に食べると表面のカリッとした食感を味わえる。冷めたら保存容器に入れて室温で保存し、当日中に食べる。

ワインを作るとき、余った卵黄を活用して生まれたお菓子

ワインで有名なボルドーの修道院で生まれたお菓子。当時、ワインの澱（底にたまった沈殿物）を取り除くために卵白を使用し、卵黄が余っていました。そこで卵黄を活用するためにカヌレを作ったというエピソードがあります。カヌレの名前は「溝をつける」という意味の「canneler」が語源といわれ、型も溝のある形状になっています。高温で長い時間焼くことで、表面は香ばしく焦げてカリッ、中はむっちりして弾力があるのが特徴です。

ペ・ド・ノンヌ

Pets de nonne

「尼さんのおなら」という
ユニークな名前のお菓子

シュー生地を油で揚げた、ふわっとして軽い
お菓子。「尼さんのおなら」というユニークな
名前がついています。発祥の説はいくつかあ
りますが、サントル・ヴァル・ド・ロワール地
方のトゥーレーヌにあるマルムティエ大修道
院でのエピソードをご紹介します。聖マルタ
ンをお祝いする日に大忙しだった修道院の厨
房で、ある修道女が大きな音のおならをして
しまい、思わず足がよろめいて、手にしてい
たシュー生地を誤って油に落としてしまいま
した。すると、生地がふわっと膨らみ、食べて
みるととてもおいしかったことからこのお菓
子が誕生しました。

材料

約24個分

牛乳 — 65g
水 — 65g
バター — 52g
グラニュー糖 — 3g
塩 — 1g
薄力粉 — 40g
強力粉 — 40g

とき卵 — 140〜160g
揚げ油 — 適量
粉糖 — 適量

準備

・薄力粉と強力粉は合わせてふ
るう。
・とき卵は室温に戻す。

作り方

1　鍋に牛乳、水、バター、グラニュー糖、塩を入れて中火にかける。
沸騰したら火を止め、粉類を加えて木べらでよく混ぜる。

2　再び弱火にかけ、混ぜながら2分程度加熱する。鍋肌に薄く膜が
はってジューッと音がすればOK。火を止めてボウルに移す。

3　とき卵を1/3量加え、均一になるまで木べらで練り混ぜ、残りのと
き卵を大さじ1〜2ずつ加えて、その都度均一になるまで混ぜる。
生地をすくい上げたとき、三角形にたれ下がってゆっくり落ちれ
ばOK a。
＊とき卵の量は加熱時間や温度で変動する。とき卵は8割ほど入れたらあとは
様子を見ながら調整する。

4　揚げ油を160〜170℃に熱する。ティースプーンを2本用意し、3
の生地を1本ですくってもう1本で押し出すようにしてきつね色
になるまで揚げ、ペーパータオルを敷いたバットにのせて冷ます。
＊揚げるとき、生地が4〜5倍に膨らむので入れすぎないように注意する。

5　食べる直前に茶こしで粉糖をふる。

〜 食べごろと保存 〜
揚げたてが食べごろ。すぐに食べない場合は保存容器に入れて室
温で保存し、当日中に食べる。

サントル・ヴァル・
ド・ロワール地方
Centre-Val de Loire

ニフレット

Niflette

ここで使った型
直径7cmの
丸抜き型

材料

18個分

冷凍パイシート(ベラミーズ) — 2枚

カスタードクリーム — 約180g

オレンジの花の水a — 5g

＊オレンジの花びらを水蒸気蒸留した芳香水。南
仏のお菓子で風味づけに使われることが多
い。オレンジフラワーウォーターとも呼ばれ
る。ないときはラム酒でもOK。

カスタードクリーム

でき上がり約250g

牛乳 — 180g

バニラビーンズ — 1/5本

卵黄 — 55g

グラニュー糖 — 35g

薄力粉 — 8g

強力粉 — 8g

バター — 10g

イル・ド・フランス地方
île-de-France

準備

・ バニラビーンズはナイフで縦に切り込
みを入れ、種をしごきだす。

・ 薄力粉と強力粉は合わせてふるう。

・ 絞り出し袋に直径11mmの丸口金をセ
ットする。

・ 天板にオーブンシートを敷く。

・ オーブンは190℃に予熱する。

a

作り方

1 〔カスタードクリーム〕鍋に牛乳を入れ、バニラビーンズの種
とさやを加えて火にかけ、鍋肌がふつふつ沸いてきたら火を
止める。

2 ボウルに卵黄とグラニュー糖を入れ、泡立て器で白っぽくな
るまで1〜2分泡立てる。粉類を加え、泡立て器でゆっくりと
円を描くようにして、粉気がなくなるまで混ぜる。

3 2に1を少しずつ加えながら泡立て器で混ぜ、1の鍋に戻し入
れる。

4 強めの中火にかけ、絶えず泡立て器で混ぜる。中央がふつふ
つと沸騰して、クリームにつやが出て、なめらかになったら
火を止め、バターを加えて余熱でとかす。

5 新しいボウルに移し、氷水に当ててゴムべらで混ぜながら冷
やす。

6 成形する。冷凍パイシートは室温で5〜10分解凍し、めん棒
で2mm厚さにのばし(約22cm角)、フォークで数か所穴をあけ、
ラップをかけて冷蔵庫に1時間おく。

7 取り出して直径7cmの丸抜き型で抜き、天板に並べる。

8 5を180gはかってボウルに入れ、ゴムべらでほぐしてオレン
ジの花の水を加えて混ぜる。

＊ 混ぜすぎるとクリームのこしが切れて焼成中にだれやすいので注意する。

9 絞り出し袋に入れ、7の中央に8〜10gずつ丸く絞る。190℃
のオーブンで20〜25分焼き、網にのせて冷ます。

〜 食べごろと保存 〜

粗熱が取れたころが食べごろ。すぐに食べない場合は保存容
器に入れて室温で保存。パイ生地は湿気やすいため当日中に
食べる。

孤児に「泣かないで」という
願いを込めたお菓子

中世の趣が残る町プロヴァン(12〜13世紀のシャンパ
ーニュ地方における商業の中心地)で、11月1日の「諸聖
人の日(カトリック教会があがめるすべての聖人を祝福
する日)」に食べるお菓子。ニフレットの名はラテン語の
「泣かないで」に由来します。昔は孤児にお菓子を施す習
慣があったため、そのことが関係しているといわれてい
るそう。パイ生地にオレンジの花の水で香りをつけたカ
スタードクリームを絞って焼く素朴なお菓子です。

Macarons d'Amiens

材料

18個分(直径約3cm)

アーモンドパウダー ― 100g

粉糖 ― 80g

A アーモンドパウダー ― 100g
- 卵黄 ― 8g
- バニラオイル ― 1滴
- はちみつ ― 10g
- アプリコットジャム ― 12g
- ビターアーモンドエッセンス(あれば) ― 1〜2滴

卵白 ― 12〜20g

準備

- アーモンドパウダーと粉糖は手のひらですり合わせてなじませ、粗めのざるでふるう。
- 天板にオーブンシートを敷く。
- オーブンは180℃に予熱する。

作り方

1 ボウルにアーモンドパウダーと粉糖を入れ、**A**と卵白の半量を加えて最初はゴムべらでざっと混ぜ、その後は手でよく混ぜ合わせる。

2 残りの卵白を少量ずつ加え、手で混ぜ合わせる。最初はべたつくが、手で形作れるかたさになるまでよく混ぜ合わせる**a**。ラップに包み、冷蔵庫で半日〜一晩ねかせる。
  * ジャムの種類によってかたさが異なるため、卵白は少量ずつ加えてかたさを確認し、残りの量を調整する。

3 取り出して直径約2.5cmの棒状にのばし、約2時間冷凍する。

4 ナイフで1.8cm幅にカットして天板に並べ、中央を指で軽く押さえる。180℃のオーブンで10〜12分焼く。シートごと板などにのせて冷まし、シートからはずす。
  * 熱いうちにさわると形がくずれやすいので注意!

〜 食べごろと保存 〜
食べごろは2日目以降。ラップに包んで室温で5日間保存可能。

フランス各地にあるマカロン。アミアンのマカロンは、ねっちり濃厚な味わい。

フランスの各地にはそれぞれの地方に伝わるマカロンがあります。北フランスの古都アミアンに伝わるこのマカロンは、イタリアからフランスに嫁いだ王妃カトリーヌ・ド・メディシスがレシピを伝えたという説があります。他の地方のマカロンと同じくアーモンド、砂糖、卵白が基本材料。このほかに、アミアンのマカロンには、はちみつが入るのが特徴です。ねっちりした食感とアーモンドの濃厚な風味が口に広がります。

ピカルディ地方
Picardie

聖母マリアの木像が乗っていた
小舟の形をイメージしたお菓子

聖母マリアの木像がプロヴァンスに流れ着いたときに乗っていた小舟の形をイメージしたお菓子。18世紀にマルセイユのパン屋さん（フール・デ・ナヴェット）が考案し、それから現在に至るまでずっと作り続けられています。同店のものは、細長い棒状をしたかたい歯ごたえで、小麦粉ベースのさっぱりした生地に、オレンジの花の水で華やかな香りづけをするのが特徴です。一般的にはオリーブオイルで作りますが、今回はオレンジの香りを生かすため、くせのないオイルを使用しています。

ナヴェット

Navettes

材料

約15個分

A
薄力粉 — 100g
ベーキングパウダー — 0.5g
粉糖 — 40g

塩 — 0.2g
オレンジの皮のすりおろし — 1/3個分
とき卵 — 25g
太白ごま油 — 15g
オレンジの花の水 — 5g

＊オレンジの花びらを水蒸気蒸留した芳香水。南仏のお菓子で風味づけに使われることが多い。オレンジフラワーウォーターとも呼ばれる。ないときはオレンジリキュールでもOK。

準備

・ Aは合わせてふるう。
・ 天板にオーブンシートを敷く。
・ オーブンは180℃に予熱する。

作り方

1　ボウルにAと塩を入れ、オレンジの皮を加えて手でなじませる。

2　1の中央にくぼみを作り、とき卵、太白ごま油、オレンジの花の水を入れる。ゴムべらで切るようにして全体を混ぜ合わせ、ひとまとまりになったらラップに包んで冷蔵庫で1時間〜一晩ねかせる。

3　取り出して12gずつに分割し、約6cm長さで両端が細くなるように手のひらで成形する a。
＊生地がぼそっとするときは、軽くこねてなめらかにする。

4　中央にナイフで浅く切り込みを入れ、180℃のオーブンで20〜23分焼く。網にのせて冷ます。

〜 食べごろと保存 〜
乾燥剤とともに保存容器に入れて室温で1週間保存可能。

クレーム・カタラーヌ
Crème catalane

ここで使った型
直径9×高さ2cmの陶器の器

材料

直径9×高さ2cmの陶器の器4個分

牛乳 ― 240g＋120g

シナモンスティック ― 1/2本

オレンジの皮のすりおろし ― 1/4個分

卵黄 ― 72g

グラニュー糖 ― 40g

コーンスターチ ― 12g

カソナード(またはグラニュー糖) ― 適量

ラングドック
ルシヨン地方
Languedoc-Roussillon

作り方

1 鍋に牛乳240g、シナモンスティック、オレンジの皮を入れ、弱火にかける。沸騰したら火を止めてふたをし、15分蒸らす。

2 ボウルに卵黄とグラニュー糖を入れ、泡立て器で円を描くようにして1分程度混ぜ合わせる。コーンスターチを加えて均一になるまで混ぜ、牛乳120gを加えて混ぜる。

3 2に1を注ぎ入れながら泡立て器で混ぜ合わせ、鍋に戻し入れる。

4 弱火にかけ、ゴムべらで混ぜながら加熱する。ぽってりしてとろみがついたら火を止め、ざるでこしながら新しいボウルに移す。

5 スプーンで器に入れ、スプーンの背で表面を平らにする。冷めたらラップをかけ、冷蔵庫で3時間～一晩冷やす。
＊しっかり冷やしたほうがおいしい。

6 食べる直前にラップをはずし、表面にカソナードを少量のせて指で薄くのばす。バーナーで表面を焼いてキャラメリゼする。これを2回繰り返す。キャラメリゼしたら温度が上がってやわらかくなるので、3～5分冷凍庫で冷やしてから食べる。

～ 食べごろと保存 ～
キャラメリゼする前の作り方5の状態で、ラップをかけて冷蔵庫で3日間保存可能。

クレーム・ブリュレの原形といわれる
なめらかなデザート菓子

スペインでは「クレマ・カタラーナ」という名で知られ、スペインからフランスのペルピニャン(フランス南部のカタルーニャ地方の中心都市)に伝わったお菓子だとされています。クレーム・ブリュレの原型ともいわれ、見た目はほとんど同じですが製法が異なります。このお菓子はオーブンでは焼かず、カスタードクリームのように鍋で加熱して作ります。またクレーム・ブリュレはバニラで風味づけをしますが、このお菓子はレモンやオレンジなどの柑橘の皮とシナモンで風味づけをすることが多いです。

トゥルトー・フロマジェ

Tourteau fromagé

外は真っ黒、中はふっくら
やわらかいチーズケーキ

19世紀のころ、ある農場で各家庭から持ち寄ってきたケーキを焼い
ていた日、1つだけオーブンから取り出すのを忘れてしまい、真っ黒
に焦げて大きく膨らんでいました。失敗かと思いきや、それを食べ
てみたら、内側はふっくらとやわらかく、とてもおいしかったとい
うのがこのお菓子のはじまり。ほかにも諸説ありますが、失敗から
生まれたお菓子だと思うと、なんだかほほえましい気持ちになりま
す。現地では山羊乳のフレッシュチーズを使用しますが、ここでは
作りやすいようにクリームチーズを使うレシピにしています。

材料

直径14.5(内寸)×高さ4cmのドーム型1台分

パート・ブリゼ

2台分

薄力粉 — 66g

強力粉 — 66g

塩 — 2g

バター — 66g

冷水 — 40g

＊パート・ブリゼのみ少量だと作りにくいので2
　台分まとめて作る。

アパレイユ

クリームチーズ — 62g

グラニュー糖 — 25g＋15g

卵黄 — 40g

薄力粉 — 17g

レモン果汁 — 3g

卵白 — 60g

準備

・パート・ブリゼの薄力粉と強力粉は合
　わせてふるい、冷凍庫で冷やす。

・パート・ブリゼのバターは薄くスライ
　スして冷蔵庫で冷やす。

・アパレイユの薄力粉はふるう。

・アパレイユの卵白はボウルに入れてラ
　ップをし、冷蔵庫で冷やす。

・型にバター(分量外)をぬり、冷蔵庫で
　冷やす。

・オーブンに天板を入れて280℃に予熱
　する。

ここで使った型
直径14.5(内寸)×
高さ4cmのドーム型

作り方

1　〔パート・ブリゼ〕フードプロセッサーに粉類、塩、バターを入
　れ、バターが2mm程度の粒状になるまで(手でさわったときに
　粒が感じられるくらい)撹拌する a。

2　ボウルに取り出して冷水を2〜3回に分けて加え、その都度
　手ですり合わせる。3つ程度の塊になるようにギュッと握っ
　てまとめ、最後に1つにまとめてある程度なじむまでこねる。
　ラップに包んで冷蔵庫で一晩ねかせる。

3　取り出してラップに包んだまま、10cmくらいの正方形にのば
　す。ラップを開いて上にもう1枚ラップをのせてサンドし、両
　サイドに2mmのルーラーを置いて直径21cmくらいに丸くの
　ばす。冷蔵庫で1時間程度ねかせる。

4　取り出して型に敷き込み、フォークで数か所穴をあけて、型
　からはみ出た部分をナイフで切り取る。ふちの部分を立たせ
　て形を整え、ラップをかけて再度冷蔵庫で1時間ねかせる。

5　〔アパレイユ〕ボウルにクリームチーズを入れ、ゴムべらでほ
　ぐす。グラニュー糖25gを加えてゴムべらで混ぜ、卵黄を1/4
　量ずつ加えて泡立て器で混ぜ、その都度均一になるまで混ぜ
　る。薄力粉も加えて混ぜる。さらにレモン果汁も加えて混ぜる。

6　卵白のボウルを取り出して、ハンドミキサーの低速で30秒、
　その後高速にしてグラニュー糖15gを3回に分けて加えなが
　ら撹拌し、ツノがおじぎをするくらいのメレンゲを作る。

7　泡立て器で5に6をひとすくい加え、円を描くようにして混
　ぜる。ゴムべらに替えて、残りの6を2回に分けて加え、その
　都度均一になるまで混ぜ合わせる。

8　4に7を流し入れ、280℃のオーブンで20〜25分、その後200
　℃にして20〜25分焼く。型ごと網にのせて冷まし、粗熱が取
　れたら型から出して網にのせて冷ます。

　＊このお菓子は最初に高温で焼くが、家庭用オーブンの場合200℃を超
　　すと設定温度と実際の温度に誤差(最大50℃)が出ることが多い。1回
　　焼いてみてしっかり焦げ目がつかない場合は温度調整を。理想は最初
　　の20分でしっかり焦げ目がつくまで焼き、その後温度を下げて25分
　　焼いて中まで火を通すこと。また、本来は山羊のフレッシュチーズを
　　使用するが、ほかのチーズで代用した場合は成分の違いで焦げにくか
　　ったり、膨らんでも沈みやすかったりする。1回でうまくできなかった
　　場合はこうした点に注意して再度焼いてみるとよい。

～ 食べごろと保存 ～

完全に冷めたころが食べごろ。ラップに包んで冷蔵庫で3日
間保存可能。

Manala

マナラ

サンタクロースのモデルになった聖人が
復活させた子どもたちをイメージ

12月6日サン・ニコラの日に食べられる人型のブリオッシュ。サン・ニコラは4世紀に実在し、サンタクロースのモデルになった人物で、子どもの守護聖人としてあがめられています。サン・ニコラの逸話に、肉屋に殺されて塩漬け肉の樽に漬け込まれた子ども3人を奇跡的に復活させたというものがあり、マナラはその子どもを表しているのでは、といわれています。現地ではプレーン生地のほかに、チョコチップ入り、カスタードクリーム入りなど、アレンジしたものも見られます。

材料

8個分

A
- 強力粉 — 200g
- グラニュー糖 — 40g
- 塩 — 2.5g
- インスタントドライイースト — 3g

牛乳 — 30g
とき卵 — 100g
バター — 75g
打ち粉(強力粉) — 適量
カレンズまたはレーズン — 適量

準備

・オーブンは190℃に予熱する。

アルザス地方
Alsace

作り方

1 ボウルに**A**を入れてゴムべらでよく混ぜる。牛乳ととき卵を加えて軽く混ぜ合わせ、台に出して手でこねる。生地を少しずつのばして、広げると薄い膜が張るまで a 約15〜20分こねる。

2 バターを加え、再度生地が薄くのびるまで手で約15〜20分こね、丸めてボウルに入れる。ラップをして室温に約90分おき、一次発酵させる。

3 打ち粉をした台にひっくり返して取り出し、軽く手のひらで押してから三つ折りにする。90度回転して再び三つ折りにし、ボウルに入れラップをかけ冷蔵庫で一晩ねかせる。

4 打ち粉をした台にひっくり返して取り出し、軽く手で押してカードで8等分にし、それぞれ丸める。

5 きれいな面が表面にくるように丸めてとじ目をしっかりとじ、とじ目を下にしてオーブンシートに並べる。ラップをかけて室温に15〜20分おく。

6 ラップをはずして打ち粉をした台の上で転がしながら長さ約14cmの棒状にし、端から3cm程度のところで小指の側面を使ってくびれを作る(小さいほうが頭、大きいほうが体になる) b,c。

7 オーブンシートに並べ、大きいほう(体部分)を軽く手のひらで押し、カードで切り込みを入れて手と足の部分を作る d,e。

8 天板にシートごとのせ、30℃で60分(オーブンの発酵機能を使用)、二次発酵をする。
  ＊二次発酵時と焼成時に大きく膨らむため、間隔をあけて並べる。

9 表面にとき卵(分量外)を刷毛でぬり、カレンズまたはカットしたレーズンで目やボタンをつける。190℃のオーブンで12分ほど焼き、網にのせて冷ます。

〜 食べごろと保存 〜

当日が一番おいしい。すぐに食べない場合はラップに包んで室温で2日間保存可能。翌日食べるときは軽く温めて。

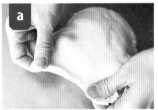

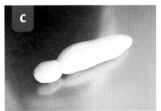

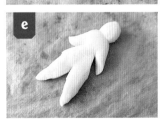

ブレデル2種［アニスのブレデル パン・ダニ、アーモンドのブレデル］

Bredele [Pain d'anis, Schwowebredele]

クリスマスを待ちわびながらいただく
愛らしいクッキーたち

クリスマスが近づくと、フランス北東部のアルザス地方のお店や家
庭でひと口サイズのクッキーを作ります。その種類はなんと100種
類以上に及びます。バター風味のもの、シナモン風味のもの、アーモ
ンドやくるみなどのナッツを使ったものなど。今回はその中からア
ニスシードの清涼感が個性的なPain d'anisとアーモンドとシナモ
ン香る型抜きクッキー Schwowebredele をご紹介します。

アルザス地方

Alsace

材料

アーモンドのブレデル約37枚分

バター — 50g

粉糖 — 38g

アーモンドパウダー — 20g

とき卵 — 20g

レモンの皮のすりおろし
　　　— 1/4個分

A ‖ 薄力粉 — 80g
　‖ シナモンパウダー — 1g
　‖ ベーキングパウダー — 0.5g

アニスのブレデル パン・ダニ約60個分

とき卵 — 55g

グラニュー糖 — 80g

バニラオイル — 1滴

アニスシード — 3g

薄力粉 — 80g

準備

アーモンドのブレデル

・バターととき卵はそれぞれ室温に
　戻す。

・Aは合わせてふるう。

・天板にオーブンシートを敷く。

・オーブンは170℃に予熱する。

アニスのブレデル パン・ダニ

・薄力粉はふるう。

・絞り出し袋に直径11mmの丸口金
　をセットする。

・天板にオーブンシートを敷く。

・オーブンは160℃に予熱する。

作り方

アーモンドのブレデル

1　ボウルにバターを入れ、木べらで練り混ぜて均一にする。粉糖を2回に分けて加え、その都度木べらで横長の楕円を描くようにして30回混ぜる。アーモンドパウダーを加えて同様にして混ぜ、とき卵を2回に分けて加え、その都度なじむまで混ぜる。

2　レモンの皮を加えてからAを2回に分けて加え、その都度木べらでボウルの底からすくい上げるように混ぜる。8割方混ざったらカードで粉気がなくなるまで混ぜa、ひとまとめにしてラップに包んで冷蔵庫で3時間〜一晩ねかせる。

3　取り出して周囲1cmくらいをあけてラップをふんわりとかけて包み直し、めん棒でたたいてやわらかくする。ラップを開いて新しいラップをのせ、生地をサンドする。

4　生地の両サイドに3mm厚さのルーラーを置いてめん棒でのばし、冷凍庫で15〜20分冷やす。

5　ラップをはずし、型で抜いて天板に並べる。余った生地は3、4と同様にして型で抜く。170℃のオーブンで18分前後焼き、網にのせて冷ます。

～ 食べごろと保存 ～
焼きたてより半日〜1日たったほうがアーモンドやシナモンの風味を感じる。乾燥剤とともに保存容器に入れ、室温で1週間保存可能。

アニスのブレデル パン・ダニ

1　ボウルにとき卵とグラニュー糖を入れ、湯せんにかけて40℃に温める。ハンドミキサーの高速で白っぽくなってもったりするまで5分ほど攪拌する。バニラオイルを加えて混ぜ、アニスシードも加えてゴムべらで底から返すようにして混ぜる。薄力粉を2回に分けて加え、その都度同様にして混ぜる。

2　絞り出し袋に1を入れ、天板に直径3cmの円状に絞り出しb、そのまま室温に一晩おいて表面を乾燥させる。
　＊最後に「の」の字を書くようにして絞り切る。先端がとがったら水でぬらした指で軽く押さえるc。

3　160℃のオーブンで20分焼き、網にのせて冷ます。冷めたらオーブンシートからはずす。

～ 食べごろと保存 ～
乾燥剤とともに保存容器に入れ、室温で1か月保存可能。

塩バターキャラメル

Caramel au beurre salé

材料

10×10cmの空き箱1台分(約24個)

グラニュー糖 — 40g＋40g

A ┃ 生クリーム(乳脂肪分45%) — 80g
┃ バニラビーンズ — 1/6本
┃ 水飴 — 63g

バター — 16g

塩 — 1.5g

準備

・ バニラビーンズはナイフで縦に切り込みを
入れ、種をしごきだす。小鍋に**A**を入れて
火にかけ、80℃くらいに温める。

・ 空き箱にオーブンシートを敷き込み、クリ
ップで固定する。

作り方

1 鍋にグラニュー糖40gを入れて火にかける。茶褐色に色
づいてきたら一度火を止め、**A**、グラニュー糖40g、バタ
ー、塩を加えて、バニラビーンズのさやを取り出す。

2 再び火にかけ、沸騰してきたら弱火にし、ゴムべらで混
ぜながら114〜116℃になるまで煮つめ、火を止めて箱
に流し入れ、そのまま冷ます。

3 冷めたらラップをかけて冷蔵庫に入れ、好みのサイズに
カットして(ここでは3×8列)それぞれ適宜カットした
オーブンシートで包む。

〜 食べごろと保存 〜
保存容器に入れて冷蔵庫で10日間保存可能。食べるとき
は3〜5分室温に戻す。

塩の産地、ブルターニュの
塩の旨みを閉じ込めたお菓子

フランス北西部のブルターニュの街のパティスリーや
おみやげ屋さんでよく見かける、塩の旨みとバターの
コクを感じるキャラメル。ブルターニュ地方といえば
塩の産地として知られ、バターも有塩バターが一般的
です。もともとフランスでは中世の初めごろまでは有
塩バターが一般的でしたが、1343年塩に税金が課せら
れることになったため、無塩バターが主流に。しかし
ブルターニュ地方は、ブルターニュ公国の王女の娘が
フランス国王と結婚したため、特例として塩税が課せ
られずそのまま有塩バターが残ったといわれ、現在で
もお菓子にしばしば使われます。このお菓子もそのひ
とつ。

ブルターニュ地方
Bretagne

ミルリトン・ダミアン

Mirliton d'Amiens

白い部分が騎兵の帽子に見えるお菓子

ピカルディ地方の美しい村アミアンで生まれたミルリトン。小さな
タルトの中にアーモンドクリームのようなフィリングを入れ、粉糖
をたっぷりふりかけて焼きます。そのため、焼き上がりは粉糖の部
分が白く残るのが特徴。ミルリトンの名前の由来の一つにフランス
語の「騎兵の帽子」からきているという説がありますが、なるほど白
い部分が帽子のように見えます。ミルリトンはノルマンディー地方
のルーアンのものも有名。こちらは酪農が盛んな地方らしくフィリ
ングに生クリームが入ります。

材料

直径6cmのポンポネット型6個分

パート・シュクレ

バター ― 63g

粉糖 ― 40g

アーモンドパウダー ― 16g

とき卵 ― 20g

薄力粉 ― 105g

ベーキングパウダー ― 0.5g

アパレイユ

とき卵 ― 40g

粉糖 ― 28g

アーモンドパウダー ― 28g

バター ― 25g

フィリング

あんずのコンポート(缶詰／半割)
　　― 2個

準備

- パート・シュクレのバターととき卵は
  それぞれ室温に戻す。

- 薄力粉とベーキングパウダーは合わせ
  てふるう。

- あんずのコンポートは、ペーパータオ
  ルで水気を取って1/3~1/4にカット
  する。

- アパレイユの粉糖とアーモンドパウダ
  ーは手のひらですり合わせてなじませ
  てから粗めのざるでふるう。

- アパレイユのバターは小さなボウルに
  入れて湯せんで60℃に温める(とかし
  バター)。

- 型にバター(分量外)をぬり、冷蔵庫で
  冷やす。

- オーブンに天板を入れ、170℃に予熱
  する。

ここで使った型
直径9cmの丸抜き型、
直径6cmのポンポネット型

作り方

1　[パート・シュクレ]ボウルにバターを入れ、木べらでなめら
　　かになるまで練り混ぜる。粉糖を2回に分けて加え、その都
　　度木べらで大きな横長の楕円を描くようにして混ぜる。アー
　　モンドパウダーを加え、同様にして混ぜる。とき卵も2回に
　　分けて加え、同様にして混ぜる。

2　粉類を半量ずつ2回に分けて加え、その都度木べらで底から
　　すくい上げるようにして混ぜる。8割方混ざったらカードで
　　粉気がなくなるまで混ぜる。

3　四角にまとめてラップに包み、冷蔵庫で3時間~一晩ねかせる。

4　取り出してラップで生地を軽く包み直し、めん棒で軽く押し
　　てから少しずつのばしていく。1cm厚さくらいになったらラ
　　ップを開いて、もう1枚ラップをのせてサンドし、両サイド
　　に3mmのルーラーを置いてのばし、冷凍庫で15~20分冷やす。

5　取り出して丸抜き型で抜き、余った生地はひとまとめにして
　　同様にのばして抜き型で抜き、型に敷き込む。ラップをかけ
　　て冷蔵庫で30分ねかせる。

6　取り出して型からはみ出た生地をナイフの背で切り取り、再
　　度ラップをかけて冷蔵庫に入れる。

7　[アパレイユ]ボウルにとき卵を入れ、粉糖とアーモンドパウ
　　ダーを加えて泡立て器で円を描くようにして混ぜ合わせる。
　　とかしバターを流し入れながら同様にして混ぜる。

8　[フィリング]6を取り出し、あんずのコンポートをそれぞれ
　　入れ、7を8~9分目まで流し入れる。

9　表面に茶こしで粉糖(分量外)を多めにふり、1分おいて再び
　　同様に粉糖をふる。型とタルト生地のふちについた粉糖を手
　　でぬぐい、170℃のオーブンで35~40分焼く。粗熱が取れた
　　ら型から出して網にのせ、冷ます。

~ 食べごろと保存 ~
タルトは湿気やすいので粗熱が取れたら早めに食べる。保存
容器に入れて冷蔵庫で2日間保存可能。食べるときは室温に
戻す。

ピカルディ地方
Picardie

プロヴァンス・アルプ・
コート・ダジュール地方

Provence-Alpes-Côte d'Azur

ナッツの産地で生まれた松の実のお菓子

プロヴァンス・アルプ・コート・ダジュール地方は温暖な気候のため、ナッツやフルーツなどの栽培が盛んです。栄養価が高く脂肪分を多く含むためコクと自然な甘さがあり、この地方では料理やお菓子で多用されています。ねっちりした食感の生地に松の実のほのかな甘みが滋味深いお菓子です。

松の実のクロワッサン

Croissants aux pignons

材料

16個分

粉糖 ― 60g
アーモンドパウダー ― 90g
卵白 ― 17〜20g
はちみつ ― 3g
オレンジの皮のすりおろし ― 1/6個分
松の実 ― 約35g

準備

・粉糖とアーモンドパウダーは手のひらですり合わせてなじませてから粗めのざるでふるう。
・天板にオーブンシートを敷く。
・オーブンは180℃に予熱する。

作り方

1 ボウルに粉糖とアーモンドパウダー、卵白17g、はちみつを入れ、オレンジの皮を加えてゴムべらでざっと混ぜてから手でよく混ぜ合わせる。
＊生地がかたいときは卵白を適宜加える。

2 10gずつに分割して、両端がやや細い棒状になるようにして三日月形にし、天板にのせる a。表面に刷毛で卵白（分量外）をぬり、松の実をはりつける。180℃のオーブンで12〜15分焼き、網にのせて冷ます。
＊焼きすぎるとかたくなるので、軽く焼き色がつけばよい。

〜 食べごろと保存 〜
乾燥するとかたくなってくるので早めに食べる。保存容器に入れて室温で1週間保存可能。

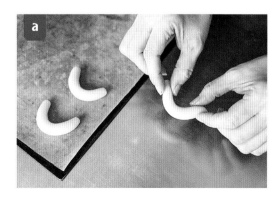

コルシカ島
—
Corse

カニストレリ

Canistrelli

ざっくりとした素朴で軽い食感のクッキー

もともとは中世のキリスト教の洗足式という儀式に関わるお菓子。洗足式は足を洗うことで心の汚れを落とすという意味合いがあります。この儀式後の宗教行列の際に、司教からカニストレリに神の加護を授けられ、このお菓子を受け取った人々にも加護があるとされています。現在では島のおみやげとして親しまれ、アニスシードや白ワイン、レモンなどの風味をつけたものなど、バリエーションが豊富です。また、コルシカ島は山岳地帯が多く、小麦の栽培に不向きな気候だったため、栗を粉にしてお菓子やパンに使用してきたので、栗粉のカニストレリもあります。

材料

約26個分

薄力粉 — 100g
ベーキングパウダー — 2.5g
グラニュー糖 — 25g
レモンの皮のすりおろし — 1/3個分
太白ごま油 — 25g
白ワイン — 28g
打ち粉(強力粉) — 適量

準備

・薄力粉とベーキングパウダーは合わせてふるう。
・天板にオーブンシートを敷く。
・オーブンは170～180℃に予熱する。

作り方

1 ボウルに粉類、グラニュー糖、レモンの皮を入れ、ゴムべらで混ぜ合わせる。中央を手で押して少しくぼませ、太白ごま油と白ワインを加えて a ゴムべらで切るようにして混ぜる。

2 まとまってきたら台の上に取り出し、手で軽くこねる。
＊こねすぎると食感がかたくなるので注意する。

3 台に打ち粉をして2をのせ、表面にも打ち粉をして両サイドに5mmのルーラーを置き、めん棒でのばす。ナイフ(またはパイカッター)で3cm角にカットする。

4 表面にグラニュー糖(分量外)をまぶしつけて天板に並べ、170～180℃のオーブンで25分ほど焼く。網にのせて冷ます。
＊容器にグラニュー糖を入れて、生地を押しつけるようにしてまぶす。
＊切れ端も適当なサイズにカットし、グラニュー糖を同様につけて焼く。

～ 食べごろと保存 ～
乾燥剤とともに保存容器に入れて室温で10日間保存可能。

ここで使った型
直径20×高さ4.5cmの陶器の型

材料

直径20×高さ4.5cmの陶器1台分

牛乳 ― 300g

バター ― 20g

薄力粉 ― 100g

グラニュー糖 ― 120g

とき卵 ― 200g

アルマニャック（またはコニャックやラム酒）**a**
　　― 10〜15g

バニラオイル ― 1滴

準備

・ 薄力粉はふるう。

・ 型にバター（分量外）をぬる。

・ オーブンは天板を入れて180℃に予熱する。

作り方

1　鍋に牛乳とバターを入れて火にかけ、ふつふつと沸いてきたら火を止める。

2　ボウルに薄力粉とグラニュー糖を入れ、泡立て器でよく混ぜ合わせる。

3　別のボウルにとき卵を入れ、泡立て器で1分ほど混ぜ、2に加えて円を描くようにして粉気がなくなるまで混ぜる。ここに1を加えて同様にして混ぜ、アルマニャック10gとバニラオイルも加えて混ぜる。
　　＊アルマニャックは最初少量で味をみて、もっと酒の風味を足したいときは5gを加える。

4　型に流し入れ、180℃のオーブンで35分焼く。
　　＊焼くとあふれそうなくらい膨らむが、冷めると沈んでくる。

〜 食べごろと保存 〜
食べごろは粗熱が取れたころ。保存容器に入れて室温で2日間保存可能。

ミアス

Millassou

アキテーヌ地方
Aquitaine

ミディ・ピレネー地方
Midi-Pyrénées

きびのおかゆから始まり、作り方も地域によっていろいろ

古くからフランス南西部で食べられてきた家庭菓子。もともとはきびを使って作られていたため、フランス語の「millet」（きびの意味）が語源だといわれています。地域によってMillassou、Millas、mihas、milhasなどの呼び名があり、きびを使ったおかゆのようなものでした。その後とうもろこしが伝わり、きびに代わってとうもろこしの粉を使うようになり、現在ではとうもろこしの粉に小麦粉を加えて使うことも多くなりました。ミアスの作り方は地域によって異なり、鍋で煮たものを冷ましてからカットして焼いたり揚げたりしたもの、陶器に流してオーブンで焼くものなどがあります。

トゥルト・デ・ピレネー

Tourte des Pyrénées

材料

直径18cmのブリオッシュ型1台分

生地
バター ― 100g
グラニュー糖 ― 118g
バニラオイル ― 1滴
アーモンドプードル ― 18g
とき卵 ― 125g
薄力粉 ― 165g
ベーキングパウダー ― 4g
ラム酒(あればパスティス) ― 20g

仕上げ用シロップ
ラム酒(あればパスティス) ― 10g
グラニュー糖 ― 10g
水 ― 10g

準備

・ バターととき卵はそれぞれ室温に戻す。
・ 薄力粉とベーキングパウダーは合わせ
  てふるう。
・ アーモンドプードルは粗めのざるでふ
  るう。
・ 型にバター(分量外)をぬって冷蔵庫で
  冷やし、強力粉(分量外)をふって余分
  な粉を落とす。
・ オーブンは天板を入れて170℃に予熱
  する。

作り方

1 〔生地〕ボウルにバターを入れ、均一になるまで木べらで練る。
  グラニュー糖を4回に分けて加え、その都度30回程度よく混
  ぜ合わせる。バニラオイルとアーモンドプードルを加え、同
  様にして混ぜ合わせる。

2 とき卵を10回に分けて加え、その都度木べらでよく混ぜる。
  途中7～8回加えたところで粉類の1/5量を加え(分離防止の
  ため)、残りのとき卵を加えて混ぜ合わせる。

3 残りの粉類を半量ずつ加え、その都度ボウルを手前に回転さ
  せながら木べらでボウルの底からすくい上げるようにして、
  つやが出てくるまで混ぜる。

4 ラム酒を加えてよく混ぜ、型に入れて、中央を低く周りが高
  くなるようにゴムべらで整える。170℃のオーブンで55～60
  分焼く。

5 〔仕上げ用シロップ〕鍋に水とグラニュー糖を入れ、混ぜなが
  ら火にかける。砂糖が溶けたら火を止め粗熱を取りラム酒を
  加える。

6 4が焼き上がったらすぐに型から出す。網にのせ、表面に刷毛
  で5をぬって冷ます。

~ 食べごろと保存 ~
当日もおいしいが2日目から味がなじんでくる。ラップに包
んで室温で5日間保存可能。

ミディ・ピレネー地方
Midi-Pyrénées

大きく盛り上がった形が
ピレネー山脈のよう

ピレネー山脈の北側に位置するミディ・ピレネー
地方に伝わる焼き菓子。「トゥルト」はラテン語で
丸いパンのこと。大きなサイズのブリオッシュ型
で焼き、ラム酒やこの地域周辺で親しまれている
パスティス(ハーブやスパイスで香りづけしたリ
キュール)で香りづけをします。中央が大きく盛
り上がったその姿は、雄大なピレネー山脈を思い
起こさせるこの地方ならではのお菓子です。

食事制限が始まる前に食べる揚げ菓子

四旬節に先立ち行なわれる謝肉祭（カルナヴァル）に食べられるお菓
子です。四旬節はキリストの40日間続いた受難を分かち合うため、
肉食を絶つなどの食事制限があります。この時期に入る前に揚げ菓
子やごちそうを食べる習慣があり、揚げ菓子はフランス各地で名前
と形を変え作られています。これはリヨン周辺で食べられているも
の。ビューニュには薄くパリパリしたものとドーナッツのようなソ
フトなものがありますが、ここでご紹介するのは後者です。

ローヌ・アルプ地方
Rhône-Alpes

ビューニュ・リヨネーズ

Bugnes lyonnaises

材料

約24個分

A 薄力粉 — 230g
  ベーキングパウダー — 5g
  グラニュー糖 — 50g
  塩 — 少々
  とき卵 — 100g
  バター — 50g
  ラム酒 — 6g
  レモンの皮のすりおろし
    — 1/3個分
打ち粉(強力粉) — 適量
サラダ油 — 適量
粉糖 — 適量

準備

・薄力粉とベーキングパウダーは合わせ
 てふるう。
・バターは室温に戻す。

作り方

1 フードプロセッサーにAを入れて攪拌する。
  ＊やわらかい生地でべたつきやすいため、フードプロセッサーで作業す
   るとラク。手で混ぜる場合はボウルに材料を入れてある程度まとまる
   まで手でこねる。

2 台に打ち粉をして1を容器から出し、軽くこねて丸める。保存
  容器に入れて冷蔵庫で2～3時間ねかせる。

3 再び台に打ち粉をして2をのせ、両サイドに5mmのルーラー
  を置いてめん棒でのばす。パイカッター(またはナイフ)で4
  cm幅にカットし、ひし形になるように斜めにカットしてa中
  央に切り込みを入れるb。
  ＊中央に切り込みを入れることで火の通りがよくなる。

4 鍋にサラダ油を入れて火にかけ、170℃に温める。3を数個ず
  つ入れて表面がきつね色になるまで揚げ、ペーパータオルを
  敷いたバットに重ならないように取り出す。

5 粗熱が取れたら茶こしで粉糖をふる。
  ＊甘さ控えめなので、粉糖は多めにふるとおいしい。

～ 食べごろと保存 ～
揚げたてが食べごろ。すぐに食べない場合は保存容器に入れ
て室温で保存。当日中に食べる。

フランスの地方で出会ったお菓子たち

　フランスの地方菓子を巡る旅を始めたのは2007年でした。本で見ることはあるけれど、日本ではまだまだ知られていないお菓子たちを、実際に自分の目で見て舌で味わいたい！　という強い思いで、その後フランスをたびたび訪れました。私が特に興味をもったのはフランスの国境付近の地域。隣国の影響を受けて文化が入り混じるため、その地域に根付いたお菓子を食べ歩きました。

　最初に訪れたのはバスク地方。ガトー・バスクやベレ・バスクをはじめ、色鮮やかなお菓子トゥーロン（アーモンドと砂糖を合わせたマジパンのようなお菓子で、着色したもの）{a,b}、アーモンド生地とバタークリームを層にしたクラシックな雰囲気のリュス{c,d} などに出会いました。

　次に訪れたのはアルザス地方。18世紀ごろにパン職人のアイデアで生まれたというロップキュエシュ{e,f} を食べに、ロスハイムへ向かいました。ブリオッシュを土台に、ナッツや生クリーム、砂糖などを混ぜたフィリングを上にかけて焼いた、甘くてリッチな味わいの発酵菓子でした。

　さらにお隣ロレーヌ地方はミラベルの名産地。ミラベルは夏の短い期間にしか出回らないプラムの一種です。甘酸っぱくて香りのよいフルーツで、初めて口にしたときのおいしさは忘れられません。現地ではこれをアイスクリームやタルト、パート・ド・フリュイ{g}などに使っていました。ほかにも修道女が生み出したナンシーのマカロン{h}や黄金色に輝くベルガモットのキャンディー{i}、アーモンドの風味が香ばしいヴィジタンディーヌ{j}もこの地の名物です。

　南部のローヌ・アルプ地方へ行くと、見たことがないような珍しいお菓子が多く、絹のクッションを表現したクッサン・ド・リヨン{k}や真っ赤なプラリーヌをたっぷり使ったタルト・オ・プラリーヌ・ルージュ{l}、女性聖人の乳房を表したブリオッシュ・ド・サン・ジュニ{m}、スイスの傭兵をモデルにしたスイス・ド・ヴァランス{n}など、思わず見入ってしまう数多くのお菓子に出会いました。城壁に囲まれたペルージュ村では、レストランでガレット・ペルージェンヌ（薄くのばした発酵生地にバターをぬり砂糖をふって焼いたお菓子）{o}を作っている様子を見ることができたのもいい思い出です。

p q r s t

　ブルターニュ地方は、有塩バターをたっぷり使ったお菓子が多い地域です。日本でも流行した<u>クイニー・アマン{p,q}</u>の発祥地ドゥアルヌネまで車を走らせ、町のパティスリーへ向かいました。日本で見るものとは違って平たく大きなその姿に感動しました。かみしめると、バターの風味が広がって甘じょっぱい味でした。また、クレープやそば粉のガレットもこの地の名物。<u>薄く焼いたクレープ{r}</u>にバターとお砂糖だけで充分おいしく、この地特産のシードル(リンゴの発泡酒)といっしょにいただきました。

　アキテーヌ地方では日本でもおなじみのカヌレや<u>ダコワーズ{s}</u>など、味わい深いお菓子にたくさん出会いました。ワインで有名なサン・テミリオン村では、<u>修道女が作ったのが起源とされるマカロン{t}</u>が、1620年から受け継がれたレシピで今も作られていました。

véritables fleurs naturelles sucrées 6€/50grs

u v

w x

　ミディ・ピレネー地方の中心地トゥールーズでは、すみれの花の砂糖漬けu}や死者の祭りの日に食べるフェネトラを探し歩きました。中世の趣が残るアルビでは、バームクーヘンに似たガトー・ア・ラ・ブロッシュ{v}をはじめ、りんごのお菓子クルスタッド・オ・ポム、大きなリング状の発酵菓子フワス{w}、プルーンを包んで焼いたリソル、名産のくるみを用いたタルト{x}など、数多くのお菓子に出会い大興奮でした。

　まだまだ書ききれないほどのお菓子がフランス各地にあります。それらのお菓子をひもといていくとフランスの歴史、地理、宗教を垣間見ることができます。それぞれのお菓子のルーツを想いながらお菓子を食べると、今までとは違った味わいになり、そのおもしろさに魅了されて何度でもフランスに行きたくなります。

アキテーヌ地方の北東部に位置するペリゴールはくるみの名産地。パウダー状にしたくるみをふんだんに使って作るバターケーキの1種です。この地方のくるみは実がしまって、甘みとコクがあり、料理やお菓子によく使われています。また、リキュールやオイルなどにも加工され、多方面で活用されています。以前この地域のくるみ農家でお菓子の作り方を教わったことがありますが、くるみのパウダーに加えてホールもたっぷりと加えられ、産地ならではのぜいたくな使いっぷりに驚いた思い出があります。

ガトー・オ・ノア

Gâteau aux noix

ここで使った型
上口直径18cmのマンケ型

材料

上口直径18cmのマンケ型1台分
バター ― 60g
きび砂糖 ― 60g＋25g
くるみ ― 85g
ラム酒 ― 5g
卵白 ― 80g
薄力粉 ― 20g
デコレーション用粉糖 ― 適量
くるみ（ホール・飾り用）― 6〜8個

準備

・バターは室温に戻す。
・卵白は冷蔵庫で冷やす。
・薄力粉はふるう。
・くるみはフードプロセッサーで粉状にする。
・飾り用のくるみは160℃のオーブンで10分ローストする。
・型にバター（分量外）をぬって冷蔵庫で冷やし、強力粉（分量外）をまぶして余分な粉を落とす。
・オーブンは天板を入れて170℃に予熱する。

作り方

1　ボウルにバターを入れ、きび砂糖60gを2回に分けて加え、その都度泡立て器で円を描くようにして混ぜる。くるみ、ラム酒を順に加え、同様にして混ぜる。

2　別のボウルに卵白を入れ、ハンドミキサーの低速で30秒攪拌してほぐし、きび砂糖25gを加えて高速でツノの先端がおじぎをするまで泡立てる。

3　1に2の1/6量を入れ、ゴムべらで底から返すようにして混ぜる。薄力粉を加え、同様にして混ぜる。残りの2を2回に分けて加え、その都度均一になるまで混ぜる

4　型に入れてゴムべらで表面を平らに整え、170℃のオーブンで20分、その後160℃に温度を下げて15分ほど焼く。型から出して網にのせて冷まし、表面に茶こしでデコレーション用粉糖をかけ、くるみを飾る。

〜 食べごろと保存 〜
翌日から味がなじんでくる。ラップに包んで室温で5日間保存可能。

アキテーヌ地方
Aquitaine

さくらんぼのクラフティ

Clafoutis aux cerises

材料

14×22cmの陶器の型1台分

とき卵 — 55g

グラニュー糖 — 33g

薄力粉 — 33g

バター — 17g

牛乳 — 100g

バニラオイル — 1滴

アメリカンチェリー — 20〜22個

準備

・薄力粉はふるう。

・バターは小さなボウルに入れ、湯せんにかけて約60℃に温めておく（とかしバター）。

・型にバター（分量外）をぬる。

・オーブンは天板を入れて180℃に予熱する。

作り方

1　ボウルにとき卵を入れ、グラニュー糖と薄力粉を合わせて加え、よく混ぜる。とかしバターを少しずつ加えながらさらに混ぜる。

2　牛乳を少しずつ加えながら混ぜ、バニラオイルも加えて混ぜる。

3　型にアメリカンチェリーを並べ入れ、2を注ぎ入れて180℃のオーブンで30分程度焼く。

＊アメリカンチェリーは種ごと焼くとより香りがよいので、ここでは種を取らずに使用。

〜 食べごろと保存 〜

焼き上がりの温かいうちが食べごろ。ラップをして冷蔵庫で2日間保存できるが、早めに食べるのがおすすめ。

ダークチェリーを種ごと焼くのが伝統

今では日本でも広く知られるようになったクラフティはフランス内陸部のリムーザン地方の家庭菓子です。この地方のダークチェリーを種ごと入れるのが伝統的な製法。種ごと焼くことで、よりいっそう香りがよくなります。さくらんぼ以外のフルーツを使って作ることもありますが、その場合は「フロニャルド」という名前で呼ばれます。焼き上がりは生地がやわらかくて卵やバニラの風味をよく感じ、冷やすとチェリーの味を強く感じます。

リムーザン地方

Limousin

ビスキュイ・ド・サヴォワ

Biscuit de Savoie

ここで使った型
直径15×高さ12cmの
サヴォワ型

材料

直径15×高さ12cmのサヴォワ型1台分

卵黄 — 55g

グラニュー糖 — 105g

バニラオイル — 1滴

卵白 — 100g

薄力粉 — 40g

コーンスターチ — 40g

デコレーション用粉糖 — 適量

準備

・卵黄は室温に戻す。

・卵白は冷蔵庫で冷やす。

・薄力粉とコーンスターチは合わせてふるう。

・型にバター（分量外）をぬってグラニュー糖（分量外）をまぶして、冷蔵庫で冷やす。

・オーブンは天板を入れて170℃に予熱する。

作り方

1　ボウルに卵黄を入れ、グラニュー糖の1/3量とバニラオイルを加え、やや白っぽくなるまで泡立て器で1～2分混ぜる。

2　別のボウルに卵白を入れ、ハンドミキサーの低速で30秒攪拌する。残りのグラニュー糖を3回に分けて加え、高速でツノの先端がおじぎをするくらいまで泡立てる。

3　1に2を泡立て器でひとすくいして加え、円を描くようにして混ぜ合わせる。残りの2の半量を加え、ゴムべらでボウルの底からすくい上げるようにして混ぜ合わせ、8割方混ざったら粉類の半量を加え、同様にして混ぜる。これをもう一度繰り返し、粉気がなくなるまで混ぜる。

4　型に入れ、ゴムべらで中央を低く周囲を高く整える a。170℃のオーブンで約60分焼いて型から取り出し、網にのせる。粗熱が取れたら茶こしでデコレーション用粉糖をふる。

〜 食べごろと保存 〜

食べごろは当日〜翌日。ラップに包んで室温で3日間保存可能。生クリームやジャムを添えて食べてもおいしい。

ローヌ・アルプ地方
Rhône-Alpes

皇帝を喜ばせたお城をイメージしたお菓子

このお菓子が生まれた話には諸説ありますが、なかでも有名なのが14世紀後半のシャンベリー城でのエピソード。サヴォワ伯爵アメデ6世が神聖ローマ帝国の皇帝カール4世を招いた際にふるまわれたのがこのお菓子だったという説。シャンベリー城をイメージしたお菓子で背が高いのが特徴。皇帝カール4世は、このお菓子を非常に喜び、この地への滞在を延ばしたといわれています。材料は卵、砂糖、小麦粉、コーンスターチのみでとってもシンプル。卵と小麦粉の風味を素直に感じられます。

a

ベレ・バスク

Béret basque

バスク地方
Pays basque français

ここで使った型
上口直径18cmのマンケ型

材料

スポンジ生地
上口直径18cmのマンケ型1台分

とき卵 — 85g

卵黄 — 20g

グラニュー糖 — 70g

薄力粉 — 35g

ココアパウダー — 9g

アーモンドパウダー — 35g

バター — 18g

チョコレートクリーム
でき上がり385g

カスタードクリーム（p.16参照）
— 240g

グラン・マルニエ — 10g

ビターチョコレート — 55g

生クリーム（乳脂肪分42%）— 80g

シロップ
水 — 30g

グラニュー糖 — 12g

グラン・マルニエ — 5g

仕上げ
パイエットショコラa（または
チョコスプレー）— 60g

＊スイートチョコレートを小さな粒状にしたもの。

バニラビーンズのさやの先端の
曲がった部分 — 3cm

ベレー帽の形がユニークなチョコレートケーキ

バスク地方はスペインからフランスへチョコレートが伝わった玄関口として知られ、街にはたくさんのショコラトリーがあります。また、バスク地方ではベレー帽をかぶる習慣があり、それにちなんでベレー帽の形をしたチョコレートケーキが生まれました。

- 薄力粉とココアパウダーは合わせてふるう。
- アーモンドパウダーは粗めのざるでふるう。
- バターは小さなボウルに入れ、湯せんにかけて約60℃に温めておく（とかしバター）。
- 型の側面にバター（分量外）をぬって冷蔵庫で冷やし、強力粉（分量外）をまぶして余分な粉を落とす。底面にオーブンシートを敷く。
- オーブンは天板を入れて170℃に予熱する。

1　〔スポンジ生地〕ボウルにとき卵、卵黄、グラニュー糖を入れ、湯せんにかけて40℃に温め、ハンドミキサーの高速で白っぽくなるまで3分攪拌する。その後低速で1分攪拌してキメを整える。

2　粉類を2回に分けて加え、ゴムべらでボウルの底から返すようにしてその都度8割方混ぜる。アーモンドパウダーを加え、同様にして均一になるまで混ぜる。

3　とかしバターのボウルに2をゴムべらでひとすくいして加え、よく混ぜ合わせてから2のボウルに戻し入れ、底から返すようにして20回混ぜる。型に流し入れ、ゴムべらで表面を平らにする。

4　170℃のオーブンで35〜40分焼く。生地の中央を軽く指の腹で押して、弾力があればOK。

5　〔チョコレートクリーム〕カスタードクリームは室温に戻し、ゴムべらでほぐしてグラン・マルニエを加えて混ぜる。

6　チョコレートは湯せんにかけてとかし（40〜45℃）、5に加えて混ぜる。

7　ボウルに生クリームを入れてハンドミキサーでツノが立つまで泡立て、6に加えてゴムべらで底から返すようにして混ぜる。

8　〔シロップ〕鍋に水とグラニュー糖を入れて混ぜながら火にかけ、砂糖が溶けたら火から下ろして粗熱を取り、グラン・マルニエを加える。

9　4のスポンジを横3枚にスライスし、角を波刃包丁で軽く削って丸くする。

10　一番下のスポンジの表面に8のシロップを刷毛でぬり、7のチョコレートクリーム100gをパレットナイフでぬる。

11　2枚目のスポンジの片面に8のシロップをぬり、その面が下になるようにして10に重ねる。表面にもシロップをぬり、7のチョコレートクリーム90gをパレットナイフでぬる。

12　一番上のスポンジの片面に8のシロップをぬって重ね、表面をラップで覆ってドーム状に形を整える b。表面に8のシロップをぬり、全体に7の残りのチョコレートクリームをぬる。

13　〔仕上げ〕表面にパイエットショコラをまぶし、中央に短く切ったバニラビーンズのさやをさす。

〜 食べごろと保存 〜
でき上がって2時間程度冷蔵庫においたくらいが食べごろ。保存容器に入れて冷蔵庫で2日間保存可能。

ガトー・ナンテ
Gâteau nantais

ペイ・ド・ラ・
ロワール地方
Pays de la Loire

材料

上口直径18cmのマンケ型1台分

生地
バター ― 85g
粉糖 ― 110g
アーモンドパウダー ― 70g
とき卵 ― 110g
バニラオイル ― 1滴
A 薄力粉 ― 58g
　　コーンスターチ ― 10g
　　ベーキングパウダー ― 2.5g
ラム酒 ― 22g

仕上げ
粉糖 ― 50g
ラム酒（あればホワイトラム） ― 7g
水 ― 3g

準備

・Aは合わせてふるう。
・アーモンドパウダーは粗めのざるでふ
　るう。
・型にバター（分量外）をぬり、冷蔵庫で
　冷やしてから強力粉（分量外）をまぶ
　し、余分な粉を落とす。
・オーブンは天板を入れて170℃に予熱
　する。

作り方

1　〔生地〕ボウルにバターを入れ、なめらかになるまで木べらで
　　練り混ぜる。粉糖を3回に分けて加え、その都度木べらで大
　　きな楕円を描くようにして30回混ぜる。アーモンドパウダー
　　を半量加え、同様にして混ぜる。

2　とき卵を6回に分けて加え、その都度泡立て器で円を描くよ
　　うにして混ぜる。バニラオイルと残りのアーモンドパウダー
　　を加え、同様にして混ぜる。

3　Aを加え、木べらで底から返すようにして混ぜる。ラム酒を3
　　回に分けて加え、その都度同様にして混ぜる。

4　型に流し入れ、木べらで中央を低めに整える。170℃のオーブ
　　ンで45分焼く。中央を指で押して弾力があればOK。

5　すぐに型から取り出して逆さまにし、網にのせて冷ます。

6　〔仕上げ〕粉糖にラム酒と水を加え、ゴムべらで混ぜ合わせて
　　アイシングを作る。

7　5の上面に6のアイシングを刷毛でぬり、そのまま乾かす。

~ 食べごろと保存 ~
当日もおいしいが翌日からアーモンドの風味を強く感じる。
保存容器に入れて冷蔵庫で2～3日目が食べごろ。1週間保存
可能。食べるときは室温に戻す。

三角貿易で繁栄した港町で生まれた
ぜいたくなお菓子

この地の中心地ナント発祥のお菓子です。ナントは
大西洋にそそぐロワール川の河口近くに位置し、そ
の立地を生かして昔から貿易が盛んでした。18世紀
にはヨーロッパやアメリカ、西インド諸島、アフリ
カの間で行なわれた三角貿易で繁栄し、西インド諸
島からは砂糖やラム酒、バニラが運ばれてきました。
こうした素材をぜいたくに使ったお菓子がこちら。
ナントのパン職人によって考案され、現在でもこの
地の伝統的なお菓子として知られています。

生クリームとメレンゲのデザートが発展

アンジュー発祥のフレッシュチーズを使用したデザートです。もともとは生クリームにメレンゲを加えたものだったようです。19世紀のこと、あるお屋敷でデザートが足りないことに気づいた料理人、マリー・ルネオムによって考案されたといわれています。現在ではフロマージュ・ブランをベースに生クリームやメレンゲを加えて作ることがほとんど。ベリー系のソースと相性がよく、白と赤の色彩も美しいのが魅力です。

ペイ・ド・ラ・
ロワール地方

Pays de la Loire

材料

作りやすい分量

フロマージュ・ブラン ― 180g
＊プレーンヨーグルトを1日水きりしたものでもよい。
生クリーム（乳脂肪分42％）― 150g
レモン果汁 ― 7g
卵白 ― 70g
グラニュー糖 ― 18g＋18g
好みのフルーツソース ― 適量
＊ここではラズベリーソースを使用。

準備

・生クリームにグラニュー糖18gを加え、ハンドミキサーの高速でツノの先端がおじぎをするくらいまで泡立てて冷蔵庫で冷やす。

・卵白は冷蔵庫で冷やす。

作り方

1 ボウルにフロマージュ・ブランを入れ、泡立てた生クリームを2回に分けて加え、その都度ゴムべらでボウルの底から返すようにして混ぜる。レモン果汁を加え、同様にして混ぜる。

2 別のボウルに卵白を入れ、ハンドミキサーの低速で30秒撹拌する。グラニュー糖18gを加え、高速でツノの先端がおじぎをするくらいまで泡立てる。

3 1に2を2回に分けて加え、ゴムべらでボウルの底から返すようにして混ぜる。

4 容器にガーゼ（またはさらし）を敷き込み、3を入れてa、ガーゼ（またはさらし）で覆ってからラップをかけて冷蔵庫で3時間以上冷やす。

5 器にスプーンで適量すくって盛り、好みのフルーツソースをかける。

～ 食べごろと保存 ～
当日が一番フレッシュ感と軽さがあっておいしい。保存容器に入れて冷蔵庫で2日間保存可能。

クレメ・ダンジュー

Crémet d'Anjou

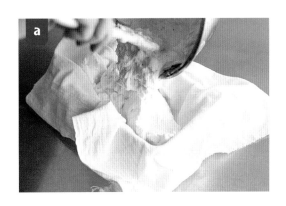

a

サブレ・ノルマン

Sablé normand

ノルマンディー地方
Normandie

材料

ここで使った型
直径5.5cmの菊抜き型

26枚分
バター ― 100g
粉糖 ― 73g
塩 ― 1g
ゆで卵の黄身 ― 2個分
薄力粉 ― 150g

準備

- ゆで卵を作る。鍋に水と冷蔵庫から出した卵を入れて中火にかけ、沸騰したら15分ゆで、冷水で冷やす。殻をむいて黄身を取り出し、裏ごしする。
- バターは室温に戻す。
- 粉糖と塩は合わせて混ぜる。
- 薄力粉はふるう。
- 天板にオーブンシートを敷く。
- オーブンは170℃に予熱する。

作り方

1　ボウルにバターを入れ、木べらでなめらかになるまで練り混ぜる。合わせた粉糖と塩を3回に分けて加え、その都度大きな楕円を描くように30回混ぜる。ゆで卵の黄身を加えて同様にして混ぜる。

2　薄力粉を2回に分けて加え、その都度木べらでボウルの底から返すようにして混ぜ、最後にカードでボウルの周りや底の粉をはらい、粉気がなくなるまで混ぜる。

3　ラップに包み、冷蔵庫で3時間〜一晩ねかせる。

4　ラップを開いてもう1枚ラップをのせてサンドし、両サイドに4mmのルーラーを置いてめん棒でのばしa、冷凍庫で15〜20分冷やす。

5　取り出して型で抜き、天板に並べる。余った生地もまとめて再び4と同様にしてのばし、型で抜く。170℃のオーブンで18分ほど焼く。香ばしい焼き色がつけばOK。網にのせて冷ます。

～ 食べごろと保存 ～
乾燥剤とともに保存容器に入れて、室温で1週間保存可能。

ゆで卵で作ると、よりいっそう砂のような食感に

ノルマンディー地方は土地の半分が牧草地で酪農が盛んです。そのため乳製品が豊富で、バターをたっぷり使ったサブレが数多くあります。サブレの由来については3説あります。ノルマンディーに近いペイ・ド・ラ・ロワール地方の町、サブレ・シュル・サルトに由来するという説、アンリ4世の妻に仕えていたサブレ侯爵夫人の名前からとったという説、サクサクと口の中で砂がほどけるような食感のため砂の意味を持つ「sable」から来ているという説。いろいろなレシピがありますが、ゆで卵を使うと、よりいっそう砂のようなもろい食感になります。

a

ガトー・ブルトン

Gâteau breton

ブルターニュ地方
Bretagne

材料

ここで使った型
上口直径18cmのマンケ型

上口直径18cmのマンケ型1台分

バター — 100g

グラニュー糖 — 85g

アーモンドパウダー — 20g

卵黄 — 50g

塩 — 1g

ラム酒 — 8g

薄力粉 — 105g

ベーキングパウダー — 0.6g

卵黄(仕上げ用) — 適量

準備

・卵黄に塩を入れ、軽く混ぜ溶かす。

・薄力粉とベーキングパウダーは合わせ
てふるう。

・型にバター(分量外)をぬり、冷蔵庫で
冷やしてから強力粉(分量外)をふって
余分な粉を落とす。

・オーブンに天板を入れ、180℃に予熱
する。

作り方

1 ボウルにバターを入れ、なめらかになるまで木べらで練り混
ぜる。グラニュー糖を3回に分けて加え、その都度楕円を描
くようにして混ぜる。アーモンドパウダーを加え、同様にし
て混ぜる。卵黄と塩を3回に分けて加え、その都度同様にし
て混ぜる。

2 ラム酒を2回に分けて加え、その都度よく混ぜる。粉類を半
量ずつ加え、その都度下からすくい上げるようにして混ぜる。

3 型に入れ、カードで表面を平らに整える。ラップをかけて冷
蔵庫に30分ほど入れ、生地をしめる。

4 取り出して表面に仕上げ用の卵黄を刷毛でぬり、フォークで
格子模様をつける。180℃のオーブンで20分、その後170℃
で15〜20分焼く。型から出し、網にのせて冷ます。

＊出しにくいときは、生地と型の側面間にパレットナイフを入れて一周
する。

〜 食べごろと保存 〜

当日は香ばしさを、翌日からはバターのコクを感じる。保存
容器に入れ、室温で1週間保存可能。

┌─────────────────────────┐

船乗りに配りやすい
ひし形に切るのが伝統的

ブルターニュ地方のモルビアン県で生まれたお菓子で
す。モルビアン県出身の女性と結婚したスイスの菓子
職人、クリュセールが作った「ガトー・ロリアンテ」が
原形といわれ、1867年パリで開催された万国博覧会に
出品したことで有名に。日もちするため、船乗りのお
菓子としても食べられていたそうです。定番は生地だ
けですが、プルーンやジャム入りなどのフィリングを
使用しているものも時折見かけます。伝統的な切り方
はひし形で、この形だと船員に配りやすいからだそう。
そんなエピソードからこのお菓子を見るとブルターニ
ュ地方の海を思い出します。

└─────────────────────────┘

タルト・ノルマンド・オ・ポム

Tarte normande aux pommes

ノルマンディー地方
Normandie

りんごと乳製品の産地で生まれた
素朴なりんごのお菓子

ノルマンディー地方は温暖で湿気が多い気候なのでりんごの栽培が盛んです。また
緑豊かで牧草が豊富にあり、牛の生育にも適しているので乳製品の生産量も高い地
域。このりんごと乳製品の両方を使って作られるのがりんごのタルトです。タルト
生地に生のりんごと、プリンのような液体を流して焼きます。この地方特産のりん
ごのお酒、カルヴァドスで香りをつけるとよりいっそう風味豊かに焼き上がります。

ここで使った型
直径18cmのタルト型

材料

直径18cmのタルト型1台分

パート・ブリゼ
薄力粉 — 65g
強力粉 — 65g
バター — 85g
グラニュー糖 — 12g
塩 — 2.4g
とき卵 — 25g
牛乳 — 10g
卵黄(から焼き後にぬる用) — 適量

フィリング
りんご(小) — 1・1/5〜1・1/2個

アパレイユ
卵黄 — 20g
とき卵 — 25g
グラニュー糖 — 25g＋5g
アーモンドパウダー — 15g
生クリーム(乳脂肪分45％) — 90g
バニラオイル — 2滴
カルヴァドス(あれば) — 5g

準備

- パート・ブリゼの薄力粉と強力粉は合わせてふるい、冷蔵庫で冷やす。
- バターは3mm厚さにスライスし、冷蔵庫で冷やす。
- パート・ブリゼのとき卵と牛乳は合わせて冷蔵庫で冷やす。
- 型にバター(分量外)をぬる。
- パート・ブリゼの6のオーブンは天板を入れて190℃に予熱する。
- 11の仕上げのオーブンは天板を入れて180℃に予熱する。

作り方

1 〔パート・ブリゼ〕フードプロセッサーに粉類とバターを入れ、数回に分けて攪拌する。バターの大きさが2〜3mmになればOK。

2 ボウルに1を移し、グラニュー糖と塩を加えてゴムべらで混ぜる。とき卵と牛乳をスプーンで3回に分けて加え、その都度手のひらですり合わせる。生地を3〜4等分にし、それぞれ手でぎゅっと握ってだんご状にまとめる a。

3 2の生地を一つにまとめて15回くらい手でもむ。やっとまとまるくらいでよい。ラップに包み、冷蔵庫で一晩ねかせる。

4 取り出して周囲1cmくらいをあけてラップをふんわりと包み直す。ラップの上からめん棒で生地をたたいてやわらかくし、ラップを開いて新しいラップをのせ、生地をサンドする。両サイドに3mmのルーラーを置いてめん棒で直径25cmくらいの円形にのばし、冷蔵庫で1時間ねかせる。

5 取り出して型に敷き込み、余分な生地をめん棒で切り落とし、ラップをかけて冷蔵庫で30分ねかせる。

6 オーブンシートを直径約25cmの円形にカットし、周囲に切り込みを入れて5にのせ、重しをのせて190℃のオーブンで20〜25分焼く。取り出して重しとオーブンシートをはずし、表面に淡い焼き色がつくまで、さらに5分程度焼いて網にのせて冷ます。

7 冷めたら表面に刷毛で卵黄をぬり(防水の役割)、170℃に温度を下げたオーブンに3分入れて乾かす。

8 〔フィリング〕りんごは皮をむいて8等分のくし形切りにし、芯を取り除く。

9 〔アパレイユ〕ボウルに卵黄ととき卵を入れ、泡立て器で合わせる。グラニュー糖25g、アーモンドパウダー、生クリームを順に加え、その都度円を描くようにして混ぜ合わせる。バニラオイルとカルヴァドスを加え、同様にして混ぜる。

10 7のタルト生地に8のりんごを放射状に並べ、9のアパレイユを静かに流し入れる。

11 表面にグラニュー糖5gをふり、180℃のオーブンで30〜35分焼く。網にのせて冷まし、粗熱が取れたら型からはずす。

〜 食べごろと保存 〜
粗熱が取れたころが一番おいしい。パイ生地は湿気やすいので当日中に食べる。当日中に食べない場合は保存容器に入れて冷蔵庫で2日間保存可能。

クルスタッド・オ・ポム

Croustade aux pommes

ミディ・ピレネー地方
Midi-Pyrénées

薄紙のような生地、パータ・フィロが決め手

パータ・フィロという薄紙のような生地でりんごを包んで焼いたお菓子で、別名パ
スティス・ガスコンとも。中世にフランス南西部をアラブ人が侵略した際、パータ・
フィロが伝わったといわれています。この生地にとかしバターを薄くぬり重ねて焼
くことで、パリパリザクッとした独特な食感が生まれます。作り方は、ざく切りにし
たりんごをアルマニャックで香りづけし、パータ・フィロで包んで焼くのが定番。こ
こではひと手間加えて、アーモンドクリームにキャラメリゼしたりんごを並べて焼
きました。

材料

直径18cmのタルト型1台分

パータ・フィロ（市販）a — 4枚

＊ごく薄い春巻きの皮に似た生地。

バター — 45g

クレーム・ダマンド

バター — 50g

粉糖 — 50g

アーモンドパウダー — 50g

とき卵 — 40g

薄力粉 — 8g

りんごのキャラメリゼ

りんご（紅玉） — 1・1/2個

グラニュー糖 — 30g

バター — 10g

レモン果汁 — 5g

アルマニャック

　（またはコニャックやラム酒）— 5g

デコレーション用粉糖 — 適量

準備

・パータ・フィロは冷蔵庫で解凍する。

・パータ・フィロにぬるバターは小さな
　ボウルに入れ、湯せんにかけて温めて
　おく（とかしバター）。

・クレーム・ダマンドのバターととき卵
　はそれぞれ室温に戻す。

・アーモンドパウダーと薄力粉はそれぞ
　れふるう。

・型にバター（分量外）をぬる。

・オーブンは天板を入れて180℃に予熱
　する。

作り方

1　〔クレーム・ダマンド〕ボウルにバターを入れ、木べらで練り
　混ぜる。粉糖を2回に分けて加え、大きな楕円を描くように
　して30回混ぜる。アーモンドパウダーを加え、同様にして混
　ぜる。

2　とき卵を3回に分けて加え、その都度なじむまで混ぜる。薄
　力粉を加え、同様にして混ぜる。
　＊すぐに使わない場合は冷蔵庫で保存。冷凍保存も可能。

3　〔りんごのキャラメリゼ〕りんごは皮をむいて8等分のくし形
　切りにし、芯を取り除く。

4　フライパンにグラニュー糖の半量を入れ、火にかける。とけ
　てきたら色がついてくるまでフライパンをゆすりながら加熱
　する。茶褐色になったら火を止め、りんご、残りのグラニュー
　糖、バター、レモン果汁を加え、再び火にかけて、りんごが少
　ししんなりするまで3〜4分加熱し、最後にアルマニャック
　を加えて軽く加熱し、バットにあけて冷ます。

5　パータ・フィロをキッチンばさみで28cmの正方形に切り（切れ
　端は取りおく）、片面にとかしバターを刷毛でぬり、ぬった面
　を上にしてそっと型に敷き込む。残り3枚も同様にしてとかし
　バターをぬり、それぞれ角をずらしながら型に敷き込む b。

6　2のクレーム・ダマンドをゴムべらでほぐして5に入れ、カー
　ドで平らに整え、4のりんごのキャラメリゼを上に並べる。

7　型からはみ出たパータ・フィロをふわっと内側にたたむ。5で
　残った切れ端にもとかしバターをぬって、上面にふんわりと
　飾りつける。

8　180℃のオーブンで40〜45分焼き、網にのせて冷ます。粗熱
　が取れたら型からはずして、茶こしでデコレーション用粉糖
　をかける。

〜 食べごろと保存 〜

粗熱が取れたころが食べごろ。時間がたつとパータ・フィロ
が湿気てくるので早めに食べる。保存容器に入れて冷蔵庫で
3日間保存可能。食べるときは室温に戻し、オーブントースタ
ーで軽く焼くとパリパリ食感になる。

パン・デピス

Pain d'épices

材料

18×7×高さ5.5cmのパウンド型1台分

牛乳 — 60g

はちみつ — 120g

バター — 30g

A
- 薄力粉 — 70g
- ライ麦粉 — 30g
- 全粒粉 — 20g
- グラニュー糖 — 15g
- シナモンパウダー — 3.5g
- ナツメグパウダー — 0.5g
- カルダモンパウダー — 0.5g
- 重曹 — 2.5g

とき卵 — 30g

ラム酒 — 5g

準備

・ **A**は合わせてふるう。

・ 型にオーブンシートを敷く。

・ オーブンに天板を入れ、170℃に予熱する。

作り方

1 鍋に牛乳、はちみつ、バターを入れ、火にかけながら混ぜる。バターが溶けたら火を止め、室温で冷ます。

2 ボウルに**A**を入れ、**1**ととき卵、ラム酒を加えて泡立て器で均一になるまで円を描くようにして混ぜる。その後ゴムべらでボウルの底から返すようにして混ぜ、型に流し入れる。

3 170℃のオーブンで35〜40分焼く。生地の中央を指の腹で押して弾力があればOK。すぐに型から出して網にのせて冷ます。

〜 食べごろと保存 〜
翌日からが味がなじんで食べごろ。ラップに包んで室温で1週間保存可能。

ここで使った型
18×7×高さ5.5cmの
パウンド型

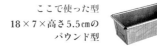

原形は中国のお菓子。
アラブ、ヨーロッパと伝わりスパイス入りに

直訳するとスパイスのパン。10世紀ごろ中国で作られていた小麦粉とはちみつを練って作ったミ・コンが原形といわれています。それがアラブに伝わり、11世紀十字軍の移動によってヨーロッパへ。そのときにスパイスが加えられたと考えられています。フランスには14世紀フランドル地方の王女、マルグリットがブルゴーニュ公国に嫁いだ際に伝わり、広まったとされています。もともとは油脂分を入れずに作るお菓子ですが、今回はバターを入れてしっとりした食感に。オーブンで焼いている間、はちみつとスパイスの香りが部屋中に漂って幸せな気分になります。

フィアドーヌ

Fiadone

コルシカ島
Corse

コルシカのフレッシュチーズ、
ブロッチュが主役のチーズケーキ

コルシカ特産の羊か山羊、またはその両方の乳から作るフレッシュチーズ「ブロッチュ」を使用し
たケーキです。ブロッチュはリコッタチーズと同様、チーズを作る際に出てくる水分（ホエー）を
利用して6〜11月にかけて作られます。このブロッチュをベースに卵や砂糖などで作るチーズケ
ーキはあっさりと軽い味。一般的にはチーズ生地のみを焼きますが、今回はセミドライいちじく
とチーズと相性がいい栗のはちみつを、砕いたビスケットの土台と合わせてアレンジしました。

材料

直径15cmの丸型1台分

土台生地
クラッカー(市販) a — 80g
バター — 35g
セミドライいちじく — 30g
栗のはちみつ b — 10g
＊ないときは百花蜜がおすすめ。

チーズ生地
リコッタチーズ — 250g
卵黄 — 40g
グラニュー糖 — 40g＋40g
レモンの皮のすりおろし — 1/2個分
レモン果汁 — 15g
薄力粉 — 8g
卵白 — 60g

準備

・ 薄力粉はふるう。

・ セミドライいちじくは5mm角にカットする。

・ バターは小さなボウルに入れ、湯せんにかけて約60℃に温めておく(とかしバター)。

・ 卵白は冷蔵庫で冷やしておく。

・ 型の底にオーブンシートを敷き、側面にバター(分量外)をぬる。

・ オーブンは天板を入れて170℃に予熱する。

作り方

1 〔土台生地〕ポリ袋にクラッカーを入れてめん棒でたたいて砕き、とかしバター、セミドライいちじく、はちみつを加えて手でもみ合わせる。型に入れ、スプーンの背で平らにのばす。

2 〔チーズ生地〕ボウルにリコッタチーズを入れてゴムべらでほぐし、卵黄を加えて泡立て器で混ぜ、グラニュー糖40gも加えて混ぜる。さらにレモンの皮、レモン果汁、薄力粉を順に加え、その都度よく混ぜる。
＊最後に混ぜたあと、生地がなめらかでない場合は裏ごしする。

3 別のボウルに卵白を入れ、ハンドミキサーの低速で30秒攪拌する。グラニュー糖40gを2回に分けて加え、高速でツノがおじぎをするくらいのメレンゲをつくる。

4 2に3のメレンゲを泡立て器でひとすくいして加え、均一になるまで混ぜる。残りのメレンゲを加え、ゴムべらで底から返すようにして混ぜる。均一になってからさらに30回混ぜ、1に流し入れる。

5 170℃のオーブンで40〜45分焼く。型のまま網にのせて冷ます。

～ 食べごろと保存 ～
翌日以降がチーズの味を感じやすいので食べごろ。型にラップをかけて冷蔵庫で3日間保存可能。

ここで使った型
直径15cmの丸型
(底が抜けるタイプ)

ガトー・バスク

Gâteau basque

バスク地方
Pays basque français

もともとはフィリングなし。今はフィリングを入れるのが定番

バスク地方で親しまれているお菓子で、パティスリーや朝市、スーパーでよく見かけます。サール村にあるガトー・バスク博物館のシェフによると、ガトー・バスクの原形は17世紀ころから始まり、当時はとうもろこしの粉、豚の脂、はちみつで作り、フィリングはなかったそう。その後いちじくやプルーンなどの季節のフルーツやジャムを入れるようになり、現在ではさくらんぼのジャムやカスタードクリームを入れるのが定番になっています。現在の形を作ったのはバスク地方のカンボ・レ・バン村の職人マリアンヌ。「ガトー・ド・カンボ」という名で毎週木曜日にバイヨンヌでこのお菓子を売り、評判に。それが後にガトー・バスクと呼ばれるようになったといわれています。

材料

直径18cmのセルクル1台分

バター ― 80g

粉糖 ― 70g

塩 ― 0.6g

アーモンドパウダー ― 10g

とき卵 ― 42g

ラム酒 ― 3g

白ざら糖 ― 40g

A ‖ 薄力粉 ― 70g
‖ 強力粉 ― 60g
‖ 全粒粉 ― 20g
‖ ベーキングパウダー ― 1.5g

フィリング

セミドライいちじく ― 70g

ラム酒 ― 3g

くるみ ― 25g

打ち粉(強力粉) ― 適量

準備

・ バターととき卵はそれぞれ室温に戻す。

・ 粉糖と塩は合わせて混ぜる。

・ Aは合わせてふるう。

・ セミドライいちじくは1.5cm角にカットし、ラム酒をふりかけて15分ほどおく。

・ くるみは170℃のオーブンで8分ローストし、1cm角に手で砕く。

・ 天板にオーブンシートを敷く。

・ オーブンは170℃に予熱する。

作り方

1　ボウルにバターを入れ、なめらかになるまで木べらで練り混ぜ、粉糖＋塩を3回に分けて加え、その都度木べらで大きな楕円を描くようにして30回混ぜる。アーモンドパウダーを加えて同様にして混ぜる。とき卵を3回に分けて加え、その都度同様にして混ぜる。ラム酒、白ざら糖を順に加え、同様にして混ぜる。

2　Aを2回に分けて加え、粉気がなくなるまで木べらでボウルの底から返すようにして混ぜ、ひとまとまりにする。ラップに包んで冷蔵庫で一晩ねかす。

3　ラップを開いて生地を2等分し、それぞれもう1枚ラップをのせて生地をサンドする。両サイドに4mmのルーラーを置いてそれぞれ直径20cmくらいの円形にのばす。

4　それぞれ冷凍庫で20分程度冷やす。取り出してそれぞれ直径18cmのセルクルで抜き、余った生地を取り除く a。

5　1枚の生地をオーブンシートの上に置き、内側に薄くバター(分量外)をぬったセルクルをはめる。

6　〔フィリング〕生地の周囲を2cmあけて、全体にセミドライいちじくとくるみを散らす。もう1枚の生地を上に重ね、接着部分を指の腹で軽く押す。表面に刷毛でとき卵をぬる。

7　余った生地をはかって12gを2つとり、それぞれ軽く打ち粉をしながら15cm長さの棒状にのばし、6の中央にp.72の写真のように飾る(バスクの十字架を表す)。つまようじで表面に8か所程度穴をあける。

8　170℃のオーブンで35～38分焼き、セルクルをはずして網にのせて冷ます。

～ 食べごろと保存 ～

ざくっとした食感がある当日が食べごろ。翌日からは少しずつしっとりしてくる。ラップに包んで冷蔵庫で5日間保存可能。食べるときは室温に戻す。

ベラヴェッカ

Berawecka

洋梨のパンの意味。
ドライフルーツたっぷりで濃厚な味わい

クリスマスが近づくとパティスリーに並ぶ冬の定番お菓子。アルザス
の言葉で「洋梨のパン」を意味し、その名の通り洋梨が使われているの
が特徴です。少量の発酵した生地でつないで形作りますが、ほぼドラ
イフルーツで構成されるため、とても濃厚な味わいです。薄くスライ
スして、赤ワインや温かい紅茶といっしょにいただくと、ドライフル
ーツやスパイスの香りが引き立ってよりおいしく感じられます。

材料

長さ約18cm1本分

薄力粉 — 10g
強力粉 — 10g
グラニュー糖 — 5g
塩 — 0.3g
インスタントドライイースト — 1.2g
ぬるま湯(40℃) — 12g

フィリング
ドライポワール(★) — 45g
セミドライプルーン(★) — 35g
セミドライいちじく(★) — 25g
セミドライアプリコット(★) — 25g
オレンジピール — 15g
ドレンチェリー — 3個
レーズン — 25g
アーモンド — 12g
くるみ — 10g
ピスタチオ — 12粒
キルシュ — 37g
グラニュー糖 — 10g
シナモンパウダー — 1.2g
アニスシード(ホール) — 1g
クローブ(ホール) — 2粒

シロップ
作りやすい分量
水 — 27g
砂糖 — 35g

準備

・ 薄力粉と強力粉は合わせてふるう。
・ フィリングを作る。(★)はそれぞれ1.2〜1.5cm角に切る。オレンジピールは5mm角に、ドレンチェリーは1/4に切る。アーモンドとくるみは170℃のオーブンで8〜10分ローストし、冷めたらアーモンドは1/2に、くるみは7mm角に切る。フィリングの材料はすべて合わせて一晩おく a。途中、3回ほどスプーンで混ぜる。
・ 天板にオーブンシートを敷く。
・ オーブンは170℃に予熱する。
・ 小鍋に水と砂糖を入れて火にかけながら混ぜて砂糖を溶かし、シロップを作る。

作り方

1 ボウルに粉類、グラニュー糖、塩を入れてひと混ぜし、インスタントドライイーストを加えてゴムべらで混ぜる。

2 ぬるま湯を加え、ゴムべらで水分がなくなるまで合わせ、台に出してこねる。やわらかくてべたべたするのでカードを使って台にこすり合わせるようにしてグルテンを出していく。

3 グルテンが出てきて薄くのびるようになったら、丸めてボウルに入れ、ラップをし35℃で40〜45分(オーブンの発酵機能を使用)発酵させる。

4 フィリングからクローブ2粒を取り除く。3の生地にフィリングを少しずつ加えていく。フィリングのべたついた水分で少しずつ生地をのばしていくイメージで。

5 すべて生地に混ざったら両手でたたきながらハンバーグを作るときのようにキャッチボールをして空気を抜く b。
＊生地ののびが悪い(粘りが強すぎる)場合は、水を少量足すとよい。

6 天板の上で長さ18×幅5cmの棒状にのばす。
＊べたついて成形しにくいときは、手を水で軽くぬらすとやりやすくなる。

7 170℃のオーブンで35分焼く。表面をさわって弾力があればよい。

8 焼けたらすぐにシロップを刷毛で適量表面にぬり、シートごと網にのせて冷ます。好みでドライフルーツやナッツを飾る。

～ 食べごろと保存 ～
味がなじむ翌日からが食べごろ。ラップに包んで保存袋に入れ、冷蔵庫で3か月保存可能。

ガトー・オ・ショコラ・ド・ナンシー

Gâteau au chocolat de Nancy

材料

直径15cmの丸型1台分

バター ― 100g
粉糖 ― 35g＋30g
卵黄 ― 50g
アーモンドパウダー ― 65g
ビターチョコレート ― 100g
卵白 ― 80g
薄力粉 ― 35g
デコレーション用粉糖 ― 適量

準備

- アーモンドパウダーは粗めのざるでふるう。
- 薄力粉はふるう。
- バターと卵黄はそれぞれ室温に戻す。
- 卵白は冷蔵庫で冷やす。
- チョコレートはボウルに入れて湯せんにかけ、40〜45℃に温める。
- 型にオーブンシートを敷く。
- オーブンは天板を入れて170℃に予熱する。

ここで使った型
直径15cmの丸型

作り方

1　ボウルにバターを入れ、なめらかになるまでゴムべらで練る。粉糖35gを2回に分けて加え、その都度泡立て器で円を描くようにして50回混ぜる。卵黄を2回に分けて加え、同様にして混ぜる。アーモンドパウダーを2回に分けて加え、同様にして混ぜる。

2　別のボウルに卵白を入れ、ハンドミキサーの低速で30秒攪拌してほぐす。

3　2に粉糖30gを加え、高速でツノがおじぎをするくらいまで攪拌してメレンゲを作る。

4　1にチョコレートを加え、泡立て器で均一になるまで混ぜる。ここに3をゴムべらでひとすくい加え、泡立て器で円を描くようにして混ぜる。

5　残りのメレンゲの半量を加え、ゴムべらでボウルの底から返すようにして均一になるまで混ぜる。薄力粉を加え、同様にして混ぜる。残りのメレンゲを加え、同様にして混ぜる。

6　型に5を入れ、カードで表面を平らにならす。

7　170℃のオーブンで30分、160℃に温度を下げて10〜15分焼く。網にのせて5分したら型から出し、冷ます。デコレーション用粉糖を茶こしでふる。

〜 食べごろと保存 〜
当日はチョコレートの味を、翌日からはアーモンドのまろやかさを感じる。ラップに包んで冷蔵庫で1週間保存可能。食べるときは室温に戻す。

アーモンドパウダーを使った ぜいたくなチョコレートケーキ

ナンシーはロレーヌ地方の都市名。ここはかつてロレーヌ公国を治めていたスタニスラス・レクチンスキー公が作ったスタニスラス広場が有名で、きらびやかな装飾が印象的です。この地発祥のチョコレートケーキがこのお菓子。一般的なガトーショコラとの違いはアーモンドパウダーを使い、まろやかな風味とコクがあることです。現地のパティスリーで探しましたが見つからなかったので、今では家庭菓子のひとつなのかもしれません。

フェネトラ

Fénétra

「死者の祭」の日に家族で食べるデザート

起源は古く、古代ローマ人がフランスを支配していた時代にさかのぼります。この時代は死者の祭の日に、巨大墓地まで行列をつくって歩いていました。時を経て16世紀には巡礼者に花やドライフルーツを渡すようになり、次第に世俗的なお祭りになりました。本来カトリックでは死者の日は11月2日ですが、トゥールーズの街では毎年6月最後の週末に行なわれ、この日に食べるのがレモンのコンフィやアプリコットジャムを使った爽やかな風味のタルト、フェネトラ。家族で集まり、デザートとして食べられています。

ミディ・ピレネー地方
Midi-Pyrénées

材料

直径18cmのタルト型1台分

パート・シュクレ
p.32のミルリトン・ダミアンと同じ。

バター ― 63g

粉糖 ― 40g

アーモンドパウダー ― 16g

とき卵 ― 20g

薄力粉 ― 105g

ベーキングパウダー ― 0.5g

フィリング

あんずジャム(市販) ― 80g

レモンピール(5mm角に刻む) ― 30g

メレンゲ生地

卵白 ― 70g

グラニュー糖 ― 25g

粉糖 ― 25g

アーモンドパウダー ― 45g

薄力粉 ― 10g

デコレーション用粉糖 ― 適量

準備

- バターととき卵はそれぞれ室温に戻す。
- 薄力粉とベーキングパウダーは合わせてふるう。
- 型にバター(分量外)をぬり、冷蔵庫で冷やす。
- メレンゲ生地の卵白は冷蔵庫で冷やす。
- メレンゲ生地の粉糖、アーモンドパウダー、薄力粉は合わせて手でこすり合わせてなじませてからふるう。
- パート・シュクレとメレンゲ生地のオーブンは170℃に予熱する。

作り方

1 〔パート・シュクレ〕p.32のミルリトン・ダミアンのパート・シュクレの作り方1~4を参照してパート・シュクレを作る。作り方4で直径25cmくらいにのばし、冷蔵庫で30~60分冷やしたら、取り出して型に敷き込む。

2 オーブンシートを直径約25cmの円形にカットし、周囲に切り込みを入れて1にのせ、重しをのせて170℃のオーブンで15分ほど焼く。一度取り出して重しとオーブンシートをはずしa、表面が軽く乾くまでさらに5分焼いて室温で冷ます。

3 〔フィリング〕2にあんずジャムをスプーンでのばしてぬり、レモンピールを全体に散らす。

4 〔メレンゲ生地〕ボウルに卵白を入れ、ハンドミキサーの低速で30秒混ぜてほぐす。グラニュー糖の2/3量を加え、高速でツノの先端がおじぎをするくらいまで攪拌し、残りのグラニュー糖を加えて高速で同様に攪拌する

5 ゴムべらに替え、粉類を5回に分けて加え、その都度8割方混ぜる。最後に粉気がなくなったらさらに15~20回混ぜる。

6 5のメレンゲ生地を3にのせて、パレットナイフで平らにならし、茶こしで粉糖を2回に分けてふるう。このとき1回目と2回目のふるう間を1分ほどあける。

7 170℃のオーブンで20分焼いたのち、160℃に温度を下げて25分焼く。すぐに網にのせて冷まし、粗熱が取れたら型から出して冷めたらデコレーション用粉糖を茶こしでふる。

~ 食べごろと保存 ~
タルトは湿気やすいので粗熱が取れたら早めに食べる。保存容器に入れて冷蔵庫で3日間保存可能。食べるときは室温に戻す。

下園昌江

Masae Shimozono

お菓子研究家。1974年鹿児島県生まれ。筑波大学卒業後、日本菓子専門学校で製菓の技術と理論を2年間学ぶ。その後パティスリーで約6年間修業。2001年からスイーツのポータルサイトSweet Cafeを立ち上げ、幅広い視点でスイーツの情報を発信する。国内外のさまざまなお菓子を見て食べる中で、フランスの素朴な地方菓子や伝統的なお菓子の魅力にひかれるようになり、そのおいしさを伝えたいと2007年、自宅で菓子教室を開く。著書（深野ちひろさんと共著）に『フランスの素朴な地方菓子〜長く愛されてきたお菓子118のストーリー』（マイナビ出版）、『おいしいサブレの秘密』『アーモンドだから、おいしい』『4つの製法で作る 幸せのパウンドケーキ』（いずれも文化出版局）がある。

Instagram @masaeshimozono

アートディレクション・ブックデザイン
　小橋太郎（Yep）

撮影
　竹内章雄

スタイリング
　曲田有子

校閲
　田中美穂

編集
　小橋美津子（Yep）
　田中 薫（文化出版局）

撮影協力
　株式会社富澤商店
　オンラインショップ：
　https://tomiz.com/
　TEL.0570-001919

　タカナシ乳業
　オフィシャルサイト：
　https://www.takanashi-milk.co.jp/
　タカナシミルクWEBSHOP：
　https://www.takanashi-milk.com/

フランスの地方で出会った、素朴なお菓子のレシピ

まだ知られていない
物語のあるお菓子

2023年11月26日　第1刷発行

著　者　下園昌江
発行者　清木孝悦
発行所　学校法人文化学園 文化出版局
　　　　〒151-8524 東京都渋谷区代々木3-22-1
電　話　03-3299-2485（編集）
　　　　03-3299-2540（営業）
印刷・製本所 株式会社文化カラー印刷